语文教师有效教学技能案例训练丛书

yuwen jiaoshi youxiao jiaoxue jineng anli xunlian congshu

陈建伟主编

yuwen youxiao jiaoxue sheji

jineng xunlian

语文有效教学设计
技能训练

许书明　编著

暨南大学出版社
JINAN UNIVERSITY PRESS

中国·广州

图书在版编目（CIP）数据

语文有效教学设计技能训练/许书明编著 . —广州：暨南大学出版社，2012.9
（语文教师有效教学技能案例训练丛书）
ISBN 978 - 7 - 5668 - 0291 - 0

Ⅰ. ①语…　Ⅱ. ①许…　Ⅲ. ①中学语文课—教学设计—教学参考资料　Ⅳ. ①G633.302

中国版本图书馆 CIP 数据核字（2012）第 185336 号

出版发行：暨南大学出版社

地　　址：中国广州暨南大学
电　　话：总编室（8620）85221601
　　　　　营销部（8620）85225284　85228291　85228292（邮购）
传　　真：（8620）85221583（办公室）　　85223774（营销部）
邮　　编：510630
网　　址：http：//www.jnupress.com　http：//press.jnu.edu.cn

排　　版：广州市天河星辰文化发展部照排中心
印　　刷：湛江日报社印刷厂

开　　本：787mm×960mm　1/16
印　　张：13
字　　数：190 千
版　　次：2012 年 9 月第 1 版
印　　次：2012 年 9 月第 1 次
印　　数：1—3000 册

定　　价：29.00 元

前　言

进入 21 世纪以来，随着我国基础教育课程改革的不断发展，中小学校的课程已经逐步从过于注重知识传授转变为强调学生主动学习和掌握学习；从过于强调学科本位转变为注重课程结构的均衡性、综合性和选择性；从过于注重书本知识转变为强调课程与社会生活的联系；从过于强调接受学习、死记硬背、机械训练转变为积极倡导学生自主、合作、探究的学习方式；从过分强调评价的甄别和选拔功能转变为积极发挥评价对学生发展、教师提高和改进教学实践方面的促进功能；从课程管理过于集中转变为三级管理，增强课程对地方、学校及学生的适应性。这一系列的变化必然对教师的专业素质特别是直接作用于学生学习行为的教学技能提出新的要求。

"语文教师有效教学技能案例训练丛书"的编写，以语文课程改革中教师的角色转变为指向，围绕当今语文教学所需要的专业技能，遵循教师专业发展的规律，以有效教学理论为依据，精选具有典型意义的案例来作为语文教师专业技能训练的材料，并设计出具有实用性、操作性及高效性的训练项目，以推动语文教师专业技能培养的有效进行。

本丛书以单元方式构建训练项目，呈现专项训练内容。每个单元都包含训练导言、案例评析、技能训练等板块，力使学习者获得知能并进的效果。

《语文有效教学设计技能训练》主要帮助学习者认识语文教学设计活动的基本特点，掌握语文教学设计活动的教学要领，以及开展语文教学设计活动必备的基本技能。

本丛书适用于高等师范院校汉语言文学专业本、专科学生以及教育硕士专业学位研究生的教学技能训练，并可作为在职语文教师的职务培训教材。为保证编写质量，本丛书各分册皆由具有丰富教学教育经验的高等师范院校语文课程与教学论教师、国家基础教育课程改革及教师继续教育培训专家担任编者，主要有陈建伟（华南师范大学）、许书明（四川师范大学）、欧阳芬（江西师范大学）、倪三好（安徽师范大学）、林晖（广州大学）、曾毅（广东肇庆学院）等。

本丛书编写中，引用了部分同行的教学及研究成果，这些优秀成果必将在语文教师专业发展教育中发挥积极作用。在此，谨向这些同行致以由衷的谢意。

编者

2012 年 5 月

目　录

引　言

教学设计技能，是有效教学设计的技术保障。教学设计技能，不是单纯的技术能力，它蕴涵了教师的综合素养。教学设计技能训练，是"研究型"教师和"智慧型"教师专业化进程中不可或缺的训练内容。过硬的教学设计技能是进行有效教学设计的抓手，是提高课堂教学效益和质量的保证。

一、本书单元结构安排

1. 各单元结构安排

本书各单元结构，是按照教学设计基本技能环节安排的。

第一单元"文本解读技能"。"文本解读"是解决"用什么教"的问题，"文本解读技能"是教师进行教学设计的第一大技能。

第二单元"教学目标设定技能"。"教学目标设定"是解决"为什么教"的问题，"教学目标设定技能"是教师进行教学设计的第二大技能。

第三单元"教学内容确定技能"。"教学内容确定"是解决"教什么"的问题，"教学内容确定技能"是教师进行教学设计的第三大技能。

第四单元"教学策略制定技能"。"教学策略制定"是解决"怎么教"的问题，"教学策略制定技能"是教师进行教学设计的第四大技能。

第五单元"教学设计测评技能"。"教学设计测评"是解决"教得怎样"的问题,"教学设计测评技能"是教师进行教学设计的第五大技能。

第六单元"教学设计综合技能"。"教学设计综合",是教学设计单项技能的综合运用,体现出教学设计技能的整体水平。

2. 单元之间的联系

本书各单元之间,具有系统的内部逻辑联系。

"文本解读"为"目标设定"奠定基础,"目标设定"基于"文本解读";同时,"文本解读"也是"教学内容"的重要组成部分。"内容确定"的首要任务就是"教材研读"(文本是教材的主体部分)。教学目标、教学内容、教学策略,是教学设计中三个极重要的因素。教学目标的设定与教学内容的确定是相互配合的,还与教学思路和结构安排、教学方法和媒体运用等紧密联系。把"文本解读"放在开篇的位置,是由语文教材的性质和地位决定的,也是由教师教学设计技能的基础性和重要性决定的。如果说文本解读、教学目标、教学内容、教学策略是解决"如何进行教学设计",那么,"教学设计测评"则承担着完善教学设计方案的重任,是衡量教学设计实施的标准。各项技能最后通过"教学设计综合技能"收官,它不是单项技能的简单相加,而是综合体现了教学设计的技能和水平。

二、教学设计技能

1. 文本解读技能

阅读教学是师生共同与选入教材文本之间进行的对话。对话以教师与文本、学生与文本的对话为基础。因而,教师在进行语文教学设计时，面临的第一个问题就是解读文本。文本解读技能包括：教师能够以不同角色解读文本，熟悉文本解读的基本程序和基本步骤，掌握不同文本体式的特点和解读的基本标准。

2. 教学目标设定技能

教师对文本进行教学解读之后，对文本的重难点就心中有数了。教学目标设定技能，包括两方面：一是进行学习需要分析，即寻找教学中实际存在的问题，确定需要解决的重难点；二是分析与研究课标、教材，在此基础上分解课程目标、细化课时目标，并对其进行准确陈述和弹性编制。

3. 教学内容确定技能

文本解读不会自动生成教学内容，教学内容依赖于教师对文本所作的教材化、教学化处理。教学内容确定技能，主要是如何把文本解读成果转化为适宜教学内容的技能。教学内容确定技能包括：依据教学目标、选文功能和学生需求确定教学内容，熟悉教学内容确定的途径，分析与处理教材内容，重构与创生教学内容，开发与利用课程资源。

4. 教学策略制定技能

教学策略制定是教学设计的核心环节，是为了完成特定的教学目标而对教学顺序、教学程序、教学方法、教学组织形式、教学媒体等因素进行的总体考虑。教学策略制定技能包括：设计教学程序的技能、确定教学思路和结构的技能、选择教学组织形式和教学方法的技能、有效组合教学媒体的技能等。

5. 教学设计测评技能

教学设计测评是教学评估的有机组成部分，它包括两个层面：一是对教学设计要素的测评，二是对教学设计成果的诊断与改进。但它不包括对课堂教学效果的评估。教学设计测评技能包括：制定教学设计测评标准的技能，选择教学设计测评形式和方法的技能。

6. 教学设计综合技能

教学设计综合技能，不是对以上教学设计要素及单项技能的简单相加，而是从教学设计的内涵、性质及意义着眼，领会教学设计的三类基本模式，研究教学要素之间的有机配合，掌握教学内容的取舍与鉴选，把握教学过程的展开与推进等技能。此外，还要懂得如何撰写教学设计稿，尤其需要具备抓基本点和关键问题的技能。

三、教学设计技能训练说明

本书编排体例包括：案例、训练目标与任务、训练要求、训练方式与材料等几部分。各部分紧扣该单元技能编排，突出技能训练的特点。

1. 案例

案例选择以人教版为主，兼顾苏教版、粤教版、沪教版、北京版等；以中学选文为主，兼顾小学选文；以文学文本和写实文本为主，兼顾文言文本。以能代表本单元基本技能训练为选择标准，数量在 3~5 个，并进行针对性评析和总评。

2. 训练目标与任务

训练目标与任务，即该单元技能训练要达到的目标和任务。这些目标和任务，已隐涵在前面的"案例"中，并在"思考题"中加以强调与整理。

3. 训练要求

"训练要求"指向"训练目标与任务"。名曰"要求"，实则含有"技能操作"的功能。它包含相关的理论知识、方法策略及操作要领等。它既关照"案例"，承接"思考题"，又为后面"训练方式与材料"提供技能训练的具体指导。

4. 训练方式

本书的技能训练方式，主要采取三种形式：单项技能训练、专项技能训练和综合技能训练。遵循由简单到复杂，由低级到高级的训练规律。

5. 训练材料

"训练材料"，实际就是"实战演练"。提供训练材料的目的，就是通过演练，提高教学设计的单项和综合技能。本书将训练方式与材料结合在一起，是为了追求更有效的实战演练效果。

第一单元

语文综合性学习·文本解读技能训练

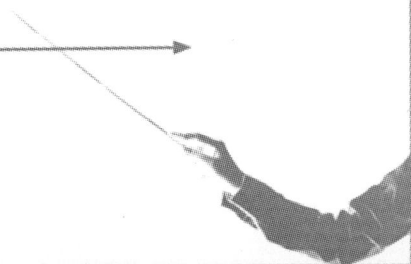

【训练导言】

文本解读技能包括：教师能够以不同角色解读文本，熟悉文本解读的基本程序和基本步骤，掌握不同文本体式的特点和解读的基本标准。

"文本"是从西方文艺美学中借过来的术语。这里讲的"文本"，是指接受过程中直接面对的那个由语言符号组成的具有层次结构的语言组合体，即语文教科书中的选文（课文）。选文文本区别于一般文本的特点是，它有明确的教学目标，有明确的编排体系，有规范化的解读模式。它是教师传授知识、进行示范的蓝本，又是学生求知的信息库和模仿、创造的凭据。

选文中的"文本"，可分为写实文本、文学文本、文言文本三类。文体不同、教学目的不同、学生对象不同，决定了文本解读应该灵活多样，不能千篇一律；但灵活性不是不守规范，课标要求和教材编排意图决定了文本解读不能随心所欲。文本内容的解读既要具有客观性，又要具有主观性。文本解读的客观性要求我们解读文本时不偏离文本；而文本解读的主观性则使文本解读具有差异性，并使文本解读具有再创造性。

文本的解读通过教师与文本的对话来完成。教师必须有明确的角色定位，不仅要站在自己的角度上，而且要站在学生的立场上，从学生已有的知识和经验出发去解读文本内容。学生的情况是复杂的，其需求也不一致。所以，教师和文本的对话，不是一般意义上的对话，而是多角度、多需求、多层面与文本进行的对话交流。多样性与规范性的统一，要求语文教师在文本解读时，要熟悉文本解读的基本程序和步骤，掌握不同文本的特点和解读的标准。

正确解读文本是有效教学设计的决定性因素，它影响和制约着教学目标的设定、教学内容的确定、教学策略的制定、教学资源的配置等一系列工作，所以，掌握文本解读技能至关重要。

【案例评析】

案例一：《致女儿的信》（人教版初中《语文》九年级上）文本解读

当作者 14 岁的女儿询问"什么是爱情"时，作者给她讲述了一个极其动人的故事，这是作为一个父亲、作为体验过爱情的个体对爱情的界定。故事的寓意耐人寻味：在西方的传统文化中，宇宙是上帝创造的，上帝是无所不能的。可是在这个童话中，为什么上帝没有创造也不能理解人类的"爱情"？上帝恼怒于人类的自我创造，几次要毁灭人间的"爱情"，为什么最终无可奈何又若有所思地离去呢？理解这些寓意的文眼，在故事的开头和结尾。开头说："上帝创造世界时，把一切生物分散安置在地上并且教会他们传宗接代。"结尾说："万物生存、繁殖、传宗接代，但只有人才能够爱。"这些议论，点明了全文的主旨。

故事的构思颇具匠心：第一，前有暗示，后有点睛。故事开头说，上帝把"一切"生物安置在地上并教会他们传宗接代，最后说，"只有人才能够爱"，前后对比，显示出人与动物之间的区别。第二，层层推进，起伏有致。以上帝三次视察人间为叙事线索，对这三次视察的描写有必要的重复，又有变化和递进：从人们的目光里，上帝分别发现了"一种他所不理解的美和某种从未见过的力量"、"无与伦比的美和更大的力量"、"不可理解的美和那种同过去一样的力量"。故事最后再次强调爱情"是人类永恒的美和力量"，上帝的态度由"勃然大怒"到"怒不可遏",再到"久久地伫立凝视着,随后深沉地思索着离去"。上帝态度的前后对比,意味着爱情的力量征服了上帝,他在伫立凝视中终于意识到人与其他生物的不同,意识到人必须主宰自己的精神和幸福,而他最后的离去,就是对人性力量的认可和屈服。

评析:

解读写实文本,需要整体感知,抓住主旨,才能准确理解文本意义。案例通过抓住开头和结尾的议论来点明全文主旨,继而进一步分析文章思路的方向,探求文章的结构层次,准确地把握了文本的主旨。整体感知文本是为进一步检索、提取相关的信息、深入研究探索而奠基的。在把握文本的主旨后再去分析、解读文本的局部,就不会"只见树木而不见森林",就不会因旁逸斜出的枝蔓影响我们对文本的准确解读。

案例二:《春》(人教版初中《语文》七年级上)文本解读

从盼春入笔,迎春、绘春,直至颂春收笔,作者目的何在?绘春时,用并列结构广泛地写春景,不是定点观察,而是一个镜头一个镜头切换过去,这是为什么?贯串这些景的灵魂是什么?哪些语句特别传递了这个信息?

文章的最终落脚点是赞颂春天。既然是赞颂,就要把春天的美写足,描绘得栩栩如生,渲染得如诗如画,使学生如临其境,看到春天的美景,感受到春天的气息。春风拂面,细雨沾衣,绿草、繁花为伴,快乐充盈胸际,描绘春景的喜悦心情洋溢于纸上。但仅仅是喜悦心情吗?

不!再深入字里行间去咀嚼一番,你会发现文中有一股强劲的力量在涌动。那力量来自生命，是生命的涌动，你看，"小草偷偷地从土里钻出来"，一个"钻"字，显示了顽强的生命力。"你不让我，我不让你，都开满了花赶趟儿"，生命的灿烂奔放，蜜蜂闹，蝴蝶飞，鸟儿呼朋引伴，牧童短笛嘹亮，城里乡下，老老少少也赶趟儿，这是大自然中演奏的生命交响曲，是对生命的礼赞，那么和谐、那么温馨、那么美丽、那么执著，连无生命的春风春雨也如此地善解人意，善解造化的用心，恩泽万物，催发生命成长。春之所以为春，受到千古以来世人的钟爱，恐不啻是因为春风和煦，暖雨濡润，花红叶绿，草长莺飞，更在于恢复生命的活力，催发新生命的诞生。成长，才是这篇文章的"魂"。离开了对生命的赞颂、讴歌，景色只是纸花，不可能"逼"你的眼，动你的心。

懂得了《春》是生命的涌动、生命的赞歌，作者笔下用词为何带彩，为何含情，为何万象更新、生意盎然，给人以希望、以激励、以力量，体会到这些，才算领会到文章的灵魂。

评析：

朱自清先生这篇散文是专为中学生写的，他只是为了教中学生写作方法？用比喻、拟人的修辞手法只是为了让学生模仿？用词生动、准确只是为了让学生积累美词佳句吗？这些意图大概都有，即为中学生提供写作这类文章的范例，但如果仅仅局限于此，似乎又有悖于文章的深意。准确读解文学文本，必须认真揣摩它的语言。作者将自己对事物的认识、感情、态度转换生成与之大致相应的语言，从而产生文本。因此，需要还原语境，抓住描写"春"的语言以及体味字里行间蕴涵的赞颂生命的情感。通过仔细体味，认真揣摩，准确把握了《春》的主旨和深意——"成长"。这就不难理解，作者为什么由盼春入笔，迎春、绘春，直至颂春收笔，这不正显示出"生命的成长过程"吗？离开了对生命的赞颂、讴歌，景色只是纸花，不可能"逼"你的眼，动你的心。

案例三：《死水》（人教版高中《语文》必修一）文本解读

闻一多的诗歌《死水》的最后一段："这是一沟绝望的死水，这里断不是美的所在，不如让给丑恶来开垦，看它造出个什么世界。"诗句中的"丑恶"究竟如何理解，黄药眠先生解释为："在闻先生看来，在这古老的国度里，一切宫殿似的建筑，一切深重的花幔，一切辉煌的襟饰……都不过是油腻织成的罗绮，微菌蒸出的云霞，死水酿成的绿酒，青蛙叫出来的歌声。这绝不是美的所在，这都是丑恶的伪装。闻先生深恶痛绝这种丑恶，但是对这种丑恶他也没有办法，只好气愤地说：看它造出个什么世界。"臧克家先生则持相反的观点，他说："我觉得，应该把丑恶意会为黑暗现实的反面。《死水》是客观的象征，它既如此腐朽，如此令人绝望，不如索性让另一种力量来开垦它，看它将开辟出一个怎样的世界？这是作者心中一个未可知、未能知的渺茫的希望，我们是否可以把这个希望理解为革命？"也就是说，"丑恶"指代的是"革命"。这就是从不同角度解读的结果。我们认为"丑恶"指的是社会现实中那些黑暗腐败的现象，那么诗歌最后两句的意思是让那些黑暗腐败的现象发展到极点，就会走到事物的反面，导致新世界的诞生。所谓"开垦"，就是让"丑恶"得到充分的表演和显现；所谓"造"出个世界，就是"丑恶"的解体、消亡和新世界的孕育、诞生。

评析：

文本词语的解读就是要从文本的词语内涵的释读入手，以此去挖掘文本深层思想内涵。这是文本解读的必经途径，是文本意义的承载体。紧扣文本的字词句释读，能够逼近文本作者的原意，从而获取文本固有的潜在信息。文学语言的一个最基本的特征就是多义性，或者也可以称作复义现象。文体中的词语复义现象十分普遍，正是这种复义现象，形成了语言解读中的某些审美张力，拓展了语言表现的空间。

案例四：《论语·学而》（人教版初中《语文》七年级上）文本解读

"学而时习之，不亦说乎？有朋自远方来，不亦乐乎？人不知而不愠，不亦君子乎？"这三句看来并不相关的话，为什么能放在一起，联成一个章节呢？陆宗达先生从《史记·孔子世家》中找到了依据："定公五年……孔子不仕。退而修诗、书、礼、乐。弟子弥众，至自远方，莫不受业焉。"原来这一章是孔子自述定公五年整理诗、书和制定礼、乐及教育学生的心情。"学而时习之"是就"退而修诗、书、礼、乐"而说的。"有朋自远方来"是指"弟子弥众，至自远方，莫不受业焉"。"朋"在这里是指学生，郑玄有注："同师曰朋"。"人不知而不愠"则是就孔子"不仕"而说的，而"人不知"、"人知之"在《论语》里经常表示有没有人推荐做官的意思。可见这三句话是有联系的，孔子正是通过这三句话来表明自己当时的境遇和心情。孔子一生的事业，最重要的是整理"六经"，即所谓"述而不作"，使古代文化得以流传后世，这是他不可磨灭的功绩。还有孔子开创了私人讲学的先河，这也是他对社会的重大贡献。所以编辑《论语》者把这一段话放在《论语》的篇首是有其用意的。

评析：

解读文言文本，除了必备的古代汉语基础知识，还需要掌握解读文言文本的技能，包括：正确理解词义、句义，辨明引文的起止，运用文化知识辨析句义，统观上下文来理解句义等"断句读"的技能。陆宗达先生通过深厚的训诂知识，对本文段进行了考证。先从语法的角度设问：谁"学而时习之"？再考证"有朋自远方来"中的"朋"何义。进而探寻这段话的内在联系，最后使我们对这段耳熟能详的文段总算有了一个准确的认知和理解。

案例五：《父母的心》（苏教版初中《语文》八年级上）
文本解读

解读日本作家川端康成的《父母的心》这一文本时，有的老师认为本文的作者川端康成是获得过诺贝尔文学奖的世界级大作家。因此，就在课堂上对作者的生平大讲特讲；有的教师在解读这个文本过程中，不是引导学生品味文本里的语言文字，而是脱离文本，大书特书父母应该如何爱子女，子女应该如何爱父母，并让学生进行讨论。

评析：

案例一：教师抓住"作者的生平"大做文章，其依据是"作者川端康成是获得过诺贝尔文学奖的世界级大作家"。案例二：情形同前，只是解读重点由"作者生平"变成了"子女之爱"。显然，文本解读的重心都发生了移位，离开了语文，即"语言文字"的原点，一是对作者大加赞赏，二是就文本表现出的思想意义进行随意阐发，其结果都只能是"下笔千言，离题万里"。究其根本原因，是由于语文素养的欠缺、阅读视野的封闭以及潜心钻研的不足；文本解读的思维方式与价值取向出现偏差，呈现出泛政治化、泛概念化与泛标本化倾向，致使文本解读错位。

总评：

案例中涉及的文本：兼有写实文本（案例一）、文学文本（案例二、三）、文言文本（案例四）三类；有初中文本（《致女儿的信》、《春》、《论语·学而》、《父母的心》）和高中文本（《死水》）；有正确、准确、深刻解读的文本（案例一至四），也有解读偏差的文本（案例五）。各类文本解读首先要做到正确，避免偏读、误读；其次是准确地解读，所谓准确，就是要符合作者的写作意图。正确、准确解读的基本技能是看一篇文章写了什么、如何写的以及为什么这么写。深入解读文本是更高层次的要求，但通过修为也能做到。因为一篇文章通常具有多种含义，所以不能回避文本的多元解读，而深入解读是基于多元解读之上的。文本解读的偏差及泛政治化、泛概念化与泛标本化倾向必须避免，个性的、创新的解读值得提倡。对于语文教师来说，除了要掌握解读各类文本的要求和技能外，还必须要掌握一定的文本解读理论与相应的方法。

思考题：

1. 文本解读不能"偏读"、"误读"，如何才能做到正确地解读？

2. 文本解读要避免"浅读"，如何才能做到深入地解读？

3. 创新性解读对解读提出了哪些要求？如何才能实现创

新性解读？

4. 不同类型的文本有不同的特点和要求，需要具有哪些相应的技能？

【技能训练】

一、文本解读技能训练目标与任务

（1）运用文本解读的理论与方法，正确、准确地解读各类文本。

（2）掌握文本解读的基本技能，多元、深入地解读文本。

（3）发挥自身的优势和特长，创新性地解读文本。

二、文本解读技能训练要求

（一）掌握文本解读的基本程序

1. 语言是入口

解读文本（课文），要以语言为入口。因为语言不仅是思想的外衣，而且藏着思想内核。理解语言形式，与把握思想意义，这两者是同步的。然而也正是由于语言既是媒介的工具，又是存在和思想的"寓所"，使语言显出复杂性。语言表达和理解的困惑，是"不可言说"与"必须言说"、"难以理解"与"必须理解"的难题。它既是一个语言问题，又是一个哲学问题。所以，这对语文教师的语言修养及综合素养提出了较高的要求。

2. 文体是门户

文体，是文本解读的门户。文章因结构形式、语言运用和表达方式的不同，形成了各种不同的文体。文体一旦成熟，便有了规范。作者按此写作，读者以此解读。按照解读的递进程序和学生接受理解的规律，教师解读课文文体应该从三方面着手：一是整体认识文体的类别，二是对每一类、每一种文体能够作出具体分析，注意它们的细微差别，三是重视问题的应用，有助于提高驾驭文体的能力。

3. 结构是枢纽

结构，指部分构成整体的构成方式，就作品文本或课文文本而言，指段落、层次之间稳定的联系方式。结构是文本解读的枢纽，因为结构是内容和形式之间的中介。解读时若能发现作品结构的缝隙，即段落层次的衔接处，则结构自解，文本的思想内容和形式技巧也就显而易见了。要获得结构的解读能力，需要具备有关结构方面的知识，熟知各种不同的结构，把握解读结构的各种方法。

（二）明确文本解读的角色定位

解读文本通过教师和文本的对话来完成。在与文本对话时，教师要明确自己的角色定位，正确解读文本内容。语文教师既是一般读者，也是教师。这就要求教师在语文教学设计时，变换角色，以不同的身份和不同的立场，展开与文本的对话。

1. 一般读者角色的文本解读

作为语文教学设计者的教师，首先应该进行自然状态下的阅读，即教师依凭自己的经验、知识、观念和思维方式，以自然人的身份和文本进行对话。这时的阅读是单纯的自我理解和欣赏。阅读者随着文章闲适优雅的笔调而从容惬意，因委婉悲伤的语句而黯然神伤，为跌宕起伏的情节而坐卧不宁、拍案而起。这些都只是教师作为一名普通的阅读者所体验到的。这种阅读可以开阔视野、陶冶情操。

2. 教师角色的文本解读

作为教师所进行的阅读，就不再是单纯的自我理解和欣赏，而是为了指导学生学会阅读。教师不但要自己读懂文本，还要教会学生读懂文本；不但要充分考虑阅读所使用的方法，还要认真分析引导学生阅读所使用的教法、学法。自己读懂文本，基于自身丰富的阅读经验、人生阅历；引导学生读懂文本，还要了解学生的阅读状态，了解学生阅读过程中所产生的问题和体验，有针对性地进行指导；考虑阅读所使用的方法，以自己的阅读经验为基础，思索最有效、最方便的阅读方法；分析教法、学法，则要求教师将阅读策略转化为阅读教学策略，将课堂教学的过程，转化为教师、学生、文本进行对话的过程，把方法指导渗透到课堂教学的对话过程中。

（三）熟悉文本解读的基本步骤

文本解读的基本程序和基本步骤是不同标准的划分，内容有交叉。可根据文体特点和解读目的区别运用，或结合运用。

1. 明确"写了什么"

这是文本解读的第一步。没有这踏实的一步，后面诸如作品的主旨是什么，作品具有怎样的特征，这样一些问题就很难解决。第二步是在认识、理解作家所写的基础上产生的感悟、获得的启迪、展开的联想等。第一步是基础，第二步在第一步基础之上展开。如果第一步没有把握好，第二步就会离作品更远。这是应当避免的。

2. 分析"为什么这样写"

这是文本解读的第二步。这个问题解决了，对文章的主旨的理解才算基本到位了。也只有探到了"为什么写",才可能对教材"处理"有一个总的把握,而使学生不会被一些看似有理实则偏颇的说法所迷惑,从而可以从容地引导他们,至少不会在一个不恰当的层面上纠缠不清。

3. 研究"怎么写的"

这是文本解读的第三步。理解主旨之后,要从作品的整体运思与美学追求去考虑"怎么写"的问题。作品的整体运思主要是指选取什么材料,怎样组织材料,这是"怎么写"的两个关键问题。判断文章写得好不好,先要看材料选择是否有效,是否能表现主旨,然后看材料组织是否最大限度地发挥了材料的效能。

(四) 明确文本解读的文体要求

1. 写实文本的解读要求

写实文本,一般事件真实,情感真挚,意旨也鲜明显豁,一目了然。解读写实文本,不仅要透过文本的字词语句理解文本的意义,理清作者表达主观情思的行文思路,还要品味不同作者的表达特点和文章风格。

2. 文学文本的解读要求

文学文本最大的特点是虚构性,它追求含蓄蕴藉。解读文学文本,要认真揣摩文本的语言,品味语言表达特点,品味意象意境,赏析叙事和抒情,开拓意义空间。

3. 文言文本的解读要求

文言文是古代书面语文本的总称,是世代流传下来的中华民族文化经典。文言文本解读,要重视古代汉语知识的积累和运用,遵循古代文体特征,辨识文言文本的语词色彩,汲取古代文化精华。

（五）领会文本解读的目标要求

1. 正确、准确解读文本的目标要求

依据文本的特定体式，还原文本的语境，把握文本的感情基调，仔细品味语言。

2. 多元、深入解读文本的目标要求

理解写作意图，理解文本含义，分析写作手法，多元解读，深入理解文本主题。

3. 个性、创新解读文本的目标要求

知人论世，了解作者身世和写作背景，细读文本，个性感悟，迁移启迪，创新解读。

三、文本解读技能训练方式与材料

（一）文本解读技能单项训练材料

1. 从"语言"入手解读文本

只有与"怎么写"联系起来，与遣词造句联系起来，关注言语形式背后的意蕴和情韵，才能对"写什么"、"表达什么"理解到位。关注语言的运用之妙，才能学到语言。

材料1：

妈妈，我回来了，我已经回来了！我其实还记得，还记得来时泥泞的路，还记得赤足跑过石板的清凉，还记得家里厚重的木门栓，还有，还有我们曾相互依偎走过的那条小巷，那条深深的小巷。

（选自林莉《小巷深处》，语文版初中《语文》七年级上）

要注意这段文字言语形式的回环往复，一唱三叹："我回

来了"之后紧跟"我已经回来了";"那条小巷"之后紧跟
"那条深深的小巷";三处连用"还记得",能否并为一处?
"我其实还记得"之后为什么不直接跟"来时泥泞的路",而
要停顿并重复"还记得"?"还有"为什么要重复两次?

2. 着眼"文体"解读文本

文体是解读文本的基本要素。不同的文体在行文上有各自
的特点,因而也影响我们对文本的解读。解读散文,我们就应
该抓住它的"形",找出它的"线",理解它的"神"。解读
诗歌应从意象入手,理解作者的感情。

材料2:

我如果爱你——

绝不像攀援的凌霄花

借你的高枝炫耀自己;

我如果爱你——

绝不学痴情的鸟儿

为绿荫重复单调的歌曲;

……

(选自舒婷《致橡树》,人教版高中《语文》必修一)

诗人在这里想表达什么?是爱情吗?抑或是借爱情表达什
么?要正确解读这个文本,首先要抓住文体——这是一首诗。
从创作来讲,作者有了情感冲动,关键是要找到意象来作为自
己情感与思绪的载体。诗中"橡树"、"木棉"、"攀援的凌霄
花"、"痴情的鸟儿"等意象塑造了什么形象?它们之间有什
么关系?诗人通过他们想传达什么情感,表达什么感受?

3. 抓住"结构"解读文本

整体把握文本,往往要关注文本的结构,而首尾是文章结
构的重要组成部分,结尾尤其不可轻易忽略,是卒章显志,是

作者情感的落脚点。

材料3：

我们到这树林中来，总要到这坝塘边参观水石的争执，一坐总是一两个钟头。

……

（选自苏雪林《溪水》，沪教版初中《语文》七年级下）

这个结尾看上去很平淡，却是一篇之"魂"。林子里的溪水与我们每个人，包括作家和读者，有什么关系？为什么值得去写，值得去读？

（二）文本解读技能专项训练材料

（1）按照文本解读训练要求，正确解读《空山鸟语》（北京版初中《语文》七年级下）：

《空山鸟语》这篇美文究竟表达了怎样的情感？有的教学参考书上说本文"表达了追求自由的强烈愿望。人想做一只自由歌唱的鸟，也许是为了反衬人类社会的不自由吧"；有的说"充满了对自由、至美的赞扬与追求的精神"；有的教学参考书上说："诗人喜欢空山鸟语，是在追求一种'天人合一'的人生境界：远离物欲横流的尘世，鄙弃追名逐利的欲望，不媚俗权贵，不迎合他人，说自己想说的话，唱自己想唱的歌，做一个真正自由幸福的人"。

你如何看待这些说法？请结合作者的身世和写作背景及写作风格作出正确解读。

（2）按照文本解读训练要求，准确解读下面两段文言文本：

①柳宗元明明是被贬的，为什么《小石潭记》（人教版初中《语文》八年级下）说"心乐之"，连鱼都"似与游人相乐"？作者还说，"坐潭上，四面竹树环合，寂寥无人"，怎么

无人？明明下文写了随自己同游的有五人，这不是有矛盾吗？

作者这样写，他的内心活动又是怎样的呢？请作出准确解读。

②《桃花源记》（人教版初中《语文》八年级上）中有句话："此人——为具言所闻，皆叹惋。""叹惋"在这里如何理解？"慨叹惋惜"对不对？讲"惋惜"显然讲不通，难道桃花源中的人惋惜自己与外人间隔，想出去？这与下文"不足与外人道也"相矛盾，与作者的意图更是相左。

请先对"叹惋"作"义训"，再联系上下文理解作者的意图，准确解读此文段。

（3）按照文本解读训练要求，对《风筝》（人教版初中《语文》七年级上）多重内涵作深入解读：

鲁迅的《风筝》的内涵具有多重性：一是文章表现了作者对小兄弟浓浓的手足之情，之所以不许小兄弟放风筝，甚至是粗暴地毁坏他偷做的风筝，是"因为我认为这是没出息孩子所做的玩艺"，我希望小兄弟做一个有出息的孩子；二是批判扼杀儿童天性的封建教育观念，"我"之所以不许小兄弟放风筝，是因为"我"受到封建教育观念中"玩物丧志"的影响；三是表现了作者的自我反省精神，因为当"我知道游戏是儿童最正当的行为，玩具是儿童的天使"后，"二十年来毫不忆及的幼小时候对精神的虐杀的这一幕，忽然在眼前展开，而我的心也仿佛同时变成了铅块，很重很重地堕下去了"。

深入解读是建立在多元解读之上的，请在多角度思考中深入地解读文本主题。

（4）按照文本解读训练要求，对以下材料进行创新性解读：

第一，与文本对话：文章写了什么？是怎么写的？文章的主旨是什么？文中有哪些语言含义深刻？你理解了哪些？还有哪些不理解？

《背影》（人教版初中《语文》八年级上）只是表达父子之间的真挚情感吗？有人读出作为人父的生活责任感，有人读出作为人子的惭愧和内疚。你读出了什么？请试作分析。

第二，与作者对话：《论雷峰塔的倒掉》（苏教版初中《语文》九年级上）写作意图是什么？是否体现得很清楚？为什么采取这样的写作方法和语言表达形式？

第三，与编者对话：为什么将这一篇课文组织在这一单元？为什么要设计这道题？写作中的"想一想"和"试一试"有什么区别？编者的意图是什么？

《我的四季》（人教版高中《语文》必修一）为什么安排在"四季歌"这个单元？后来又为什么安排在九年级"生命的颂歌"这一单元？

（三）文本解读技能综合训练材料

请按照文本解读技能训练的要求，对下面文本的解读材料进行评析：

材料1：

文学形象层是由具体的文学形象构成，它们多属于文本最浅层的东西，但这些浅层次的"形象"都不是呆板、僵化的知识，这些"形象"背后蕴涵着丰富的情怀，如热爱、礼赞、同情、悲悯、昂扬等。在人生主题文本背后，这些语言形象都是对一切生命的礼赞。《紫藤萝瀑布》（人教版初中《语文》七年级上）一文中通过写紫藤萝瀑布的辉煌、紫藤萝的命运，感悟生命的长河是无止境的，一时的不幸，个人的不幸，都不足以畏惧。人生，应该是豁达的、乐观的、奋发的、进取的。我们应首先引导学生从文本的形象层入手，分析语言形象背后蕴涵的情怀。文中描写紫藤萝的外形：像一条瀑布，从空中垂下，不见其发端，也不见其终极。作者把"紫藤萝"比作"流动的瀑布"，而"瀑布"具有一种气势非凡的生命活力，因此这个比喻是突出紫藤萝旺盛的生命力。写花儿：盛开的花儿，像是一个个小小的涨满的帆；又像一个忍俊不禁的笑容，就要绽开似的，那里装的是什么仙露琼浆。把花儿比作是"帆"和"笑容"，而"帆"是取一帆风顺的意义；"笑容"取其亮丽可爱的意义，这两个比喻都突出了紫藤萝花的生机与活力。写情态：一串挨着一串，一朵接着一朵，彼此推着挤着，好不活泼热闹。作者通过联想与想象，利用各种修辞手法，多角度描写紫藤萝，无不是在突出紫藤萝的生命活力。因此解读文本的形象层，通过联想与想象，再现事物的形象，突出事物的美，认识事物的美。对事物的赞美，实质上是对生命的赞美，由此，对生命生发喜爱之情，从而学会珍爱生命。

材料2：

《祖父和我》（苏教版初中《语文》八年级上）文本解读：撇开萧红，单就文本呈现的内容，读者自然会感受到作者童年的快乐。编者把此文收入到"有家真好"为主题的单元中再恰当不过，温和、慈爱和仁厚的祖父，丰富、明朗和自由的大花园以及调皮、快乐和率真的"我"，确实向读者展示了家的"好"。唯一不足的是编者所加的题目，似乎将其改为"祖父、大花园和我"来得更合适，毕竟，那份家的感觉，那种美好的回忆是由浓浓的亲情与美丽的自然所共同给予的。

除内容外，文本让读者"驻足"的是作者充满诗意的语言。尤其选文最后几段，例如："凡是在太阳下的，都是健康的、漂亮的，拍一拍连大树都会发响的，叫一两声就是站在对面的土墙都会回答似的。""花开了，就像花睡醒了似的。鸟飞了，就像鸟上天了似的。虫子叫了，就像虫子在说话似的。一切都活了。都有无限的本领，要做什么，就做什么。要怎么样，就怎么样。都是自由的。""蝴蝶随意的飞，一会从墙头上飞来一对黄蝴蝶，一会又从墙头上飞走了一个白蝴蝶。它们是从谁家来的，又飞到谁家去？太阳也不知道这个。"语言浑然天成，不加藻饰，给读者留下了广阔的想象空间，似乎让人感受到徜徉于那美丽花园中的作者的美，没有纷扰，只有快意，没有规范，只有自在。就是在写人物的动态时，作者遣词造句的能力也可圈可点。例如，在与祖父意见不合时，"我跑到屋里拿了鸟笼上的一头谷穗，远远地就抛给祖父了"。一个"抛"字把小女孩的任性和憨态表现得淋漓尽致。再如，学祖父浇菜时的举动，"玩腻了，又跑到祖父那里去乱闹一阵，祖父浇菜，我也抢过来浇，奇怪的就是并不往菜上浇，而是拿着水瓢，拼尽了力气，把水往天空里一扬，大喊着：'下雨了，下雨了。'""抢"、"拼尽了力气"、"把水往天空里一扬"、"大喊"，那样的尽情畅快，哪怕是"胡闹"，也让祖父怜爱不已。

由此，解读文本时通常所需要解决的三个问题——"写了什么"、"为什么写"以及"怎么写"都找到了答案。把文本的教学价值定位在材料的选择和语言的欣赏上也无可厚非。但如此就文本而文本的静态解读方式显然低估了文本丰厚的审美价值，从而无法得到真正意义上的阅读的愉悦。

然而，当我们把萧红纳入到文本阅读的过程中时，你会发现文本的内涵陡然丰富了起来。你会明白作者为什么不把文章的起始句"呼兰河这小城里边住着我的祖父"写成"我的祖父住在呼兰河这小城里边"。因为作者童年的所有关于快乐的记忆都是祖父给予的，在作者的心目中呼兰河这小城里边只住着祖父。你会明白"我生的时候，祖父已经六十多岁了，我长到四五岁，祖父就快七十了"。何以如此不厌其烦地反复出现作者与祖父的年龄对比？那是因为她一直担心会失去祖父，失去她快乐的依托。你会明白文章中何以出现祖母这一矛盾的人物形象，"祖母喜欢吃果子就种了果园。祖母又喜欢养羊，羊就把果树给啃了。果树于是都死了"。祖母活着时是这个家庭的实际主人，但是她并不喜欢天性活泼的萧红，她曾设计用针刺过幼年萧红的手指。你会明白，作者笔下的大花园何以没有正面去描写其中该有的主角——花。因为那本是一个荒芜的园子，其中有自由，但如果没有了祖父，那么陪伴作者的也许就是孤独。

"呼兰河这小城里边，以前住着我的祖父，现在埋着我的祖父。

我生的时候，祖父六十多岁了，我长到四五岁，祖父就快七十了。我还没有长到二十岁，祖父就七八十岁了。祖父一过了八十，祖父就死了。

从前那后花园的主人，而今不见了。老主人死了，小主人逃荒去了。

那园里的蝴蝶，蚂蚱，蜻蜓，也许还是年年仍旧，也许现在完全荒凉了。

小黄瓜，大西瓜，也许还是年年的种着，也许现在根本没有了。

那早晨的露珠是不是还落在花盆架上，那午间的太阳是不是还照着那大向日葵，那黄昏时候的红霞是不是还会一会工夫会变出一匹狗来，一会工夫会变出来一匹马来，那么变着。这些不能想象了。"

这是《呼兰河传》"尾声"里的文字，读完之后，也许你会平添许多惆怅。你会明白，这并不是一篇读来让人轻松愉快的小说，倒显出不少悲凉的情绪来。有家真好！在萧红童年的记忆里，祖父和大花园为她构筑了最原始的家的概念。为了寻找真正心中的家，在 21 岁那年，她离家出走。十年流浪，她的足迹留在了呼兰、哈尔滨、青岛、上海、日本、武汉、延安、香港。一个弱女子就这样在兵荒马乱的战争年代把自己的青春和生命挥洒在奔波的路途上，伴随着她的，不是旅途的乐趣，而是衣食无着的忧虑、一再受伤的情感和日益病弱的身躯。最后在距离故乡最遥远的香港，一次可恶的错误手术决然地夺去了这个年仅 31 岁的天才的生命。一个女人可能遭遇到的苦难她都尝遍了！寻觅、失去和受伤是她生活的写照。

《呼兰河传》动笔于 1937 年，萧红 26 岁，完成于 1940 年，萧红 29 岁。期间经历了与萧军的感情裂变乃至最终分手，再一次的生产及与端木蕻良的快速结合。在这样的生活状态下，作者再次把视线投向了她的故乡，似乎试图用自己熟稔的人和事来温暖和慰藉自己。毕竟，那里有她最初的家的梦想。

如果萧红的生命中没有祖父，没有那大花园，也许世上多了一个平庸的女子，少了一个悲情的天才。萧红，萧红！世上到底有没有人可以真正走进你的世界？

（陆宏亮．永远的家园梦——读《祖父和我》［J］．语文学习，2009（3））

材料 3：

《再别康桥》这首诗名义上是告别，实际上并没有和什么人告别，而和自己告别。诗歌一开头，就说：轻轻的我走了，正如我轻轻的来，我轻轻的招手，作别西天的云彩。

不是和什么人告别，而和云彩告别。而和云彩告别，就是和自己的情感告别。为什么是轻轻的呢？就是因为和自己的内心、自己的回忆在对话。在整个诗篇中，他说得很优雅，说是到康桥的河边上来"寻梦"。梦是过去的，而不是未来的。诗中一系列美妙的词语（虹、柔波等），就是美化那在康桥的梦。梦美好到他要唱歌的程度。

当他写到"载一船星辉"，要唱出歌来的时候，好像激动得不能自已似的，但是，他又说，歌是不能唱出来的。理解这首诗的关键是："沉默是今晚的康桥！"这表明了是诗人的默默的回味，自我陶醉，自我欣赏。

懂得了这一点，才能更好地理解、体验最后一段：悄悄的我走了，正如我悄悄的来，我挥一挥衣袖，不带走一片云彩。在默默的回味中，离开了，从客观世界没有带走什么东西。

（孙绍振．名作细读：微观分析个案研究［M］．上海：上海教育出版社，2009（6））

材料4：

《念奴娇·赤壁怀古》（人教版高中《语文》必修四）一文，对作者塑造从容闲雅、雄姿英发、功业赫赫的周瑜形象的意图，人们历来都认为是为了抒写词人渴望建功立业的政治理想。如果了解了词人写作时的处境、心态，就会发现上述认识是牵强和错误的。苏轼写这首词时已四十七岁。元丰二年（1079），他因乌台诗案以诽谤朝廷的罪名被逮捕入狱，惨遭折磨，"几致重辟"。后谪居在黄州，元丰三年（1080）到达贬所。他是作为"罪人"被安置在黄州，黜居思过。权力变幻的无常，荣辱得失的巨大反差，使得苏轼的心情极其苦闷，虚幻意识十分沉重，其云"四十七岁真一梦，天涯流落泪纵横"，"报国何时毕，吾心早已降"。雄心壮志消磨殆尽，连"扶病如西州"都无望，又何谈对功业的强烈追求呢？这种悲观、颓废心态在他的多篇文章中都有印证。例如，他在《黄州安国寺记》说：“元丰二年（1079）十二月，余自吴兴守得罪，上不忍诛，以为黄州团练副使，使思过而自新。盍归诚僧佛，求一洗之。得城南精舍曰安国寺。间一二日，辄往焚香默坐，深自醒察，则物我相忘，身心皆空。”这段话清楚地表明，苏轼在贬官黄州之后，其思想已归诚僧佛，故而“物我相忘，身心皆空”。实际上，这一思想在《念奴娇·赤壁怀古》的开篇就已经作了明确的宣示。“大江东去，浪淘尽，千古风流人物。”——千百年来，层出不穷的英雄人物哪里去了？都被历史长河的波浪卷走了。“周瑜”只不过是“千古风流人物”中的一个典型形象罢了。词人把有限的人生放到无限的历史长河中去观照，去思辨，则发现无论是成就伟业的风流人物，还是碌碌无为的凡夫俗子，其命运并无二致，均归于“尽”而已。由此不难看出苏轼此时已经完全沉浸于陶渊明“人生似幻化，终当归空无”的思想以及庄子“万物齐一”的哲学观之中而无力自拔。这正是对追求功业思想的否定。不了解苏轼写此词的写作背景和写作动机，势必产生肤浅和错误的解读。

（刘方．掀起你的盖头来——文本解读“四重奏”漫谈[J]．语文教学通讯（高中刊），2010（9））

第二单元

语文综合性学习·教学目标设定技能训练

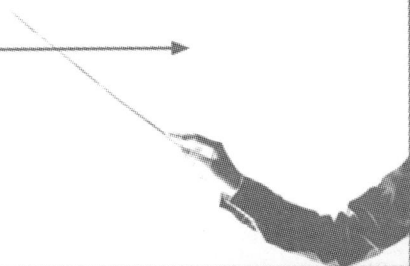

【训练导言】

　　教学目标设定技能，包括两方面：一是进行学习需要分析，即寻找教学中实际存在的问题，确定解决的重难点；二是为了解决这些问题，分析与研究课标、教材，分解课程目标，细化课时目标，在此基础上，对其进行准确陈述、弹性编制。

　　教学目标是课程目标的进一步具体化，是教学活动预期达到的结果，是预期学生通过学习以后产生的行为变化，它表现为对学生学习成果及其中介行为的具体描述，它是教学的出发点，也是教学的归宿，具有导向性与调控性。从某种意义上说，教学目标是教师要求学生达到的学习结果的明确阐述。

　　教学目标设定，必须建立在科学的教学理念上，建立在对学生学习需要的科学分析上，建立在对教材的准确把握上，必须做到明确、具体，可操作、可检测。

　　教学目标由四个要素组成，分别是：对象、行为、条件和标准。对象即什么层次的学生，也可以进一步说明学生的基本特点。行为指的是学习者在执行教学目标时的行为动作，说明通过教学后学习者能做什么，以便教师能观察学习者的行为变化，了解目标是否达到。条件指行为产生的外在条件和限制，标准指行为合格的最低界限。所以，教学目标的设计与表述是一个问题的两面，缺一不可。

　　教学目标是教学设计的关键，教学目标设定是否合理直接影响教学内容、教学方法、教学媒体、教学评价及教学效果等各方面，甚至关系着教学的成败，因而，教学目标的分析和确定非常重要。

【案例评析】

案例一:《花未眠》(人教版高中《语文》必修一)教学目标

(一)知识目标

(1)了解川端康成及其创作概况。

(2)理解本文所阐述的关于美与审美的问题。

(二)能力目标

(1)体味作者从自身感受起笔,以小见大、深入浅出、联类引中的写法。

(2)品味作品格调高雅、韵味深长的语言风格,逐步提高鉴赏能力。

(三)情感目标

努力培养自己的美感,善于感受和沉思,与自然的交流真正达到精神敞开的境界,做一个生命充盈、高雅的人。

评析:

《花未眠》是一篇内涵较为艰深的说理性散文,学生理解起来不太容易。这一类课文教学目标的设定殊为不易。此例设计的特点有二:一是说明了"学习者在什么样的情境中完成所规定的行为",也说明了达到学习效果的过程和方法。这个特点集中体现在能力目标的设计上,即通过"体味"、"品味"的过程,来达到提高能力的目标。二是教学目标的设定充分考虑了学生的学习难度和差异性,较有弹性,没有硬性规定目标的达成。例如能力目标的第一条，仅仅提到"体味……写法"而不是"掌握……写法"；第二条在"提高鉴赏能力"前面用"逐步"一词加以限制。情感目标的表述也是开放性的，以内化为主要诉求。

案例二：《勾践灭吴》（北京版高中《语文》必修一）教学目标

（1）借助注释和工具书疏通文意；掌握文中出现的 10 个通假字；掌握文中的词类活用现象（使动用法、名词作动词、名词作状语）；指认文中出现的特殊句式（介宾短语后置、宾语前置、判断句、省略句）。

（2）整体感悟，揣摩人物语言，体会《国语》"详于记言"的特点。

（3）学习勾践在困境中不气馁、不沉沦、卧薪尝胆、励精图治的精神。

评析：

不同的文体有不同的阅读、欣赏角度，但教学一篇课文时老师不可能什么都讲。学语文的主要目的是理解和运用语言，这是由语文课程的性质决定的。因此，字、词、句、篇以及修辞、语法等语言知识的学习及语言能力的训练应该是语文教学的重点。这里的教学目标既抓住了文言文的特点，又观照了新课标的三个维度。在知识和能力上，借助注释和工具书疏通文意，掌握通假字、词类活用、特殊句式；在过程和方法上，重视整体感悟，揣摩人物语言；在情感态度和价值观上，作理性的提炼，强调勾践精神，让学生透过课文感悟经典著作的人文魅力。这样设定教学目标，既符合语文课程的性质和特点，又符合新课程标准的要求。

案例三：《兵车行》（人教版高中《语文》必修三）教学目标

（1）培养诵读兴趣，使学生在诵读中感受形象，再现形象，加深对作品内容的理解。

（2）认识诗中所反映的统治阶级穷兵黩武给人民带来的深重灾难。

（3）品味诗人深沉、激越的忧国忧民之情。

评析：

在这个教学目标的设计案例中，设计者既从教师施教的角度来表述，如"培养"，又从学生学习的角度来表述，如"认识"、"品味"，这就让人感到迷惑：这个教学目标到底是规定教师的教学行为呢，还是对学生的学习行为提出的要求？实际上，教学目标是预期学生的学习结果，因此，行为主体应该是学生。教学目标的行为动词必须是具体的，而不是抽象的。所谓具体，是指这一动词所对应的行为或动作是可观察的，像"知道"、"理解"等抽象动词，由于含义较广，不同的人均可从不同角度理解，给以后的教学评价带来困难。这些词语可用来表述总括性的课程目标和单元目标，但在编写教学目标时应避免使用。

案例四：《胡同文化》（人教版高中《语文》必修一）教学目标

教学目标一

（1）体会作者对传统文化的深厚感情，培养学生的批判意识，强化爱国主义教育。

（2）指导学生理清思路、概括要点，正确理解北京胡同文化的内涵，学习京派语言。

（3）训练用关键词概括文章，培养学生独立阅读的能力。

教学目标二

（一）知识目标

（1）简单了解作者及其散文的特点。

（2）了解胡同及其胡同文化的特点，掌握作者的行文思路。

（二）能力目标

初步训练学生概括要点的能力。

（三）德育目标

读懂作者在字里行间流露出来的那种怀旧与超脱的情感。

评析：

两例教学目标的描述方式存在明显差异，都有不确定之处。在知识和能力目标的描述上，前一例采用了内外结合的描述方法，但能力目标的"概括要点"和"用关键词概括文章"有重复之感；后一例则过于粗略，未能说明达到学习效果的过程和方法。在人文性目标的描述方面，两例都较注意工具性与人文性的融合，但均未能加以充分体现。

案例五：《春》（人教版初中《语文》七年级上）教学目标

（1）领会课文准确生动的语言，学习抓住景物特征细致描写的方法；

（2）培养准确、生动的用词造句能力，引导学生划分文章的结构，用两个字的词语概括每部分大意；

（3）培养热爱大自然的情怀，教育学生珍惜时间，刻苦学习。

评析：

第一条目标行为主体是学生，主宾清晰，后两条的行为主体全是教师，而不是学生，它们只表明了教师的教育意图，而不是对学生通过教学应该达到的行为状态（变化或结果）的陈述，这是传统的教师本位在课堂教学目标设计中的体现。陈述教师行为是检查教师做与没做，陈述学生行为是检查学生会与不会、能与不能。教学目标是要说明通过教学活动后学生能做什么说什么。例如，"能概括段落大意"，"能说出这个词用得好的原因"，"能读出重音"，这是教学活动后学生的行为。倘若如此，教师也就完成了教学任务。

总评：

教学目标设定主要包括两方面内容：一是在学习需要分析基础上，确定解决的重难点；二是为了解决这些问题，确定具有一定弹性的教学目标，并对其进行准确陈述。案例一，能根据学生实际设定教学目标，做到了弹性处理，准确表述。案例二，能抓住文言文本的特点，对教学内容进行重点取舍，教学目标的表述融合了新课标的三个维度。案例三，出现了教学目标表述的问题，行为主体应是学生而不是教师；行为动词必须是具体的而不能是抽象的。案例四,问题还是出在表述上,教学目标虽然在描述方式上存在明显差异,体现了不同的设计思路以及对文本的不同解读,但因为表述不具体,使目标无法落实。案例五,完全混淆了教学目标的行为主体,自然会影响到行为动词的准确表述,将导致教学目标难以实现。

【技能训练】

一、教学目标设定技能训练目标与任务

（1）准确、具体设定教学目标。

（2）科学、明晰表述教学目标。

（3）细化、弹性预设教学目标。

二、教学目标设定技能训练要求

教学目标定位准确与否，取决于教师对语文学科性质和教学规律的认识，取决于教师对教学内容熟悉和理解的程度，取决于教师对学生认知状况的把握。

（一）熟悉教学目标设定的基本环节

1. 解读课程标准，理解课程目标

语文课程的总目标是"全面提高学生的语文素养"，是从"知识与能力"、"过程与方法"、"情感态度和价值观"三个维度进行设计的。三个方面相互渗透，融为一体，注重语文素养的提高。教学中，我们要做好三维目标的整合，而不是把三个维度简单地叠加；要以"知识与能力"为主线，渗透情感、态度价值观，并充分地体现在过程和方法中。有效的教学目标设计首要标准是准确和明确。语文教学目标的准确应定位于学生素质的全面发展：即不仅重视学生对语文知识的掌握，更要重视培养学生的语文运用能力以及创新思维能力；不仅注重学

生的智力因素，而且注重学生的非智力因素。

2. 理解阶段目标，设计教学目标

新课程在总目标之下设置了"阶段目标"，分为四个学段。教师在设定教学目标时，对阶段目标要有透彻的理解和把握。本节课处于什么学段，本学段中识字与写字、阅读、写作、口语交际等各个领域的目标处于什么样的梯度，以及与前后的联系怎样，对于这些问题，教师都应有十分清晰的认识。只有这样，才能预设出难度适当、适合本阶段课程学习的教学目标。

3. 认真钻研教材，分解单元目标

单元教学目标是语文课程标准中阶段目标的具体化，教师要认真钻研教材，在单元目标提示中领会单元目标，结合同一单元文章领会单元目标。每一篇课文的教学不需面面俱到，也不能够平均"用力"。教师应该结合每一篇课文的文体、语言特色、位置、内容、优缺点，设定恰当的课文教学目标，使得课文教学目标既有所侧重，又能够合力完成。

4. 仔细阅读课文，落实课时目标

将单元目标进行分解，制定出明确、具体、可操作、易检测的课时教学目标。在一篇课文中，在一节课上，哪些知识只要一般了解，哪些知识需要理解并会运用，听说读写中哪一项能力要着重训练，应达到什么程度等，都应尽量细化，明确到位。同样，在培养学生的思维品质、陶冶学生的道德情感等方面的目标上，也应作出确切的规定。只有清晰明确的教学目标才具有现实的可操作性和可评价性。

课时目标的确定，其思路是：基于课文，紧扣教学单元，体现一册书、一个学年或一个学段的要求，关联语文课程总目

标，找准位置，分解合理，落实到课文教学之中。

（二）掌握教学目标设定的基本方法

1. 分析学生学情，明确学习目标

教学目标不等于学习目标，学习目标是由学生确定的，通常是在学生与教材对话中生成的。教师预设的教学目标与学生生成的学习目标并不总是一致的，常常会发生矛盾和冲突。因此，教师的主导作用还体现在做好教学目标与学习目标的转化，使目标价值化、科学化。

（1）寻找学习目标与教学目标的契合点。

在整个目标设定过程中，师生之间的交流是基本的教学形式。这种交流必须是真诚的、平等的、充满信任的。要鼓励学生独立思考，发现和研究疑难，敢于质疑，敢于在老师和同学面前发表自己的见解，善于从别人的意见中汲取有益的东西。因此，语文课堂教学目标的设定需要建立在对学生学情的了解之上，教师应该从学生与文本的相互关系出发，来寻找适宜的目标，同时通过和学生商榷来寻找学习目标与教学目标的契合点。

（2）兼顾学生个别差异，目标设定具有弹性。

由于班级授课制中学生的学习基础、认知动机、个性特征及学习能力存在差异，因而教学目标的设定既要符合大多数学生的学习需求，也要兼顾学生的个别差异。在确保大多数学生达到基本要求的同时，对于个别特优生及学困生也应有所顾及，可以用适度提高或降低目标梯度的办法，使教学目标保持一定的弹性。弹性体现在数量和程度两个方面，即最低和最高两个层次。不是所有学生都必须完成最高目标，同一个目标可分最低和最高来满足不同情况的学生。

2. 合理分配课时，落实训练目标

课时目标的设定，首先是对单元目标的分解，然后是对课时的合理划分。对于不同类型的课文，一篇课文分几个课时上，每一课时要落实哪些目标，都应有科学合理的安排，体现出目标训练的层次性。在研究单元教学重点之后，还需要研究课文的预习提示、注释及课后作业，以它们为设定本课教学目标的突破口，因为预习提示和注释一般反映了本课的学习重点和难点，而课后习题一般是为目标检测而设计、安排的，具有很强的目标意识。

3. 抓住课文特点，确定训练角度

教材的编写者总是根据文本的某些特点进行选编的，因此，应根据文章体式，抓住课文的特点设定课时目标。课时目标明确了，训练角度和重难点也就明确了。

（三）明确教学目标表述的基本规范

要落实教学目标，必须要对目标进行准确表述。教学目标的表述应该反映三个方面的问题：要求学生做什么？根据什么标准去做？做到什么程度算合格？因此从某种意义上说，教学目标是教师要求学生达到的学习结果或最终行为的明确阐述。这就要求课堂教学目标的叙写既要比较详细，又要有一定的概括性，应尽可能地用可观察和可测评的语言来陈述，以便对教学和评价进行有效的整体指导。

1. 行为目标的表述方式

新课程标准以"行为目标"来表述课程内容标准，教师制定课堂教学目标的依据是课程标准，因此，在陈述课堂教学目标时，也宜采用"行为目标表述方式"。行为目标取向主张以人的行为方式来陈述目标，强调目标的精确化、标准化、具体化，避免用模棱两可和不切实际的语言来表述。

一个完整、具体、明确的教学目标应该包括四个要素，即行为主体、行为活动、行为条件和行为程度。其规范表述应该做到：

（1）行为主体学生化。即尽量把每项目标描述成学生行为而不是教师行为。

（2）行为活动具体化。即描述活动的动词尽可能是可理解、可观察的。我们应尽量多使用学科课程标准列出的行为动词，如：写出、背诵、列举、选出、复述、辨别、比较、解释、归纳、概括、推断、预测、运用、解决、设计、证明、接受、追求等。

（3）行为条件情景化。即尽量描述出行为发生通过的媒体、时间限定、信息提供等，如"通过听说交流……"、"根据所给的图表……"、"通过模拟的购物活动……"等。

（4）行为程度准确化。即要准确体现不同水平层次的要求，如"能说出力的三个要素，对提供的实例，能用力的三个要素来分析力的作用效果"、"能找出诗中的意象，并把握其特点"、"能依据课文内容、时代背景对本诗中的'艺术空白'进行推断与想象"等。

在教学目标的陈述要素中，行为活动是基本部分，不能省略。相对而言，条件和程度是两个可选择的部分。因为，教学中并不是在任何情况下都要强调特定的条件；教学中学生的全部行为结果也不必都用定性或定量的词来精确地表达。至于教学对象，由于教学面对特定的班级和学生，只要不是特别强调某一部分学生作为教学目标要求的对象，也没有必要写出来。

2. 科学的教学目标的陈述标准

（1）教学目标陈述的是学生学习的结果（包括言语信息、

智慧技能、认知策略、动作技能和情感或态度）。教学目标不应该陈述教师该做什么，应陈述通过教学后学生会做什么或会说什么。

（2）教学目标的陈述应力求明确、具体，可以观察和测量，尽量避免用含糊的和不切实际的语言陈述目标。如果用一些行为动词将会做什么和会说什么具体化，那么目标陈述就可具体化。

（3）教学目标的陈述反映学习结果的层次性。认知领域的教学目标一般应反映记忆、理解和运用（包括简单运用和综合运用）三个层次。在态度领域的目标应尽可能反映接受、反应和评价三个层次。

三、教学目标设定技能训练方式与材料

（一）教学目标设定技能单项训练

（1）按照教学目标设定的基本环节和表述的要求，为下面课文设定具体的教学目标：

①《荷塘月色》（粤教版高中《语文》必修一）

②《从百草园到三味书屋》（粤教版初中《语文》七年级下）

③《赤壁之战》（人教版小学《语文》六年级下）

（2）按照教学目标设定的基本方法和表述的要求，为下面课文设定具体的教学目标：

①《林黛玉进贾府》（人教版高中《语文》必修三）

②《济南的冬天》（人教版初中《语文》七年级上）

③《惊弓之鸟》（北师大版小学《语文》六年级上）

（二）教学目标设定技能专项训练

1. 教学目标设定的基本要求

中正而不偏倚、集中而不宽泛、明确而不含糊。诊治下面的教学目标，分析存在的问题，并提出修改意见。

（1）《中国石拱桥》（人教版初中《语文》八年级上）教学目标：

①学习生字词，理解部分词语的含义；

②整体感知课文的内容；

③了解中国石拱桥的特征。

（2）《春》（人教版初中《语文》七年级上）教学目标：

①领会课文准确生动的语言，学习抓住景物特征细致描写的方法；

②培养准确、生动的用词造句能力，引导学生划分文章的结构，并用两个字的词语概括每部分大意；

③培养学生热爱大自然的情怀，教育学生珍惜时间，刻苦学习。

（3）《鼎湖山听泉》（苏教版初中《语文》九年级上）教学目标：

①知识与能力：

其一，学习吟哦讽诵的要领，通过诵读体味作者的思想感情。

其二，了解一般写景散文的写作思路和构思方法。

其三，学习和运用从不同角度描写景物和变换角度表现景物的方法。

其四，学习作者在选材上的详略安排。

②过程与方法：

其一，体会作者如何抓住"听"来组织材料。

其二，领会文章写泉声的各种层次，并帮助学生领悟话语中蕴涵的哲理。

其三，激起学生诵读的兴趣。

③情感、态度与价值观：

第一，感受鼎湖山的优美景色，提高审美能力。

第二，理解人与自然的关系，培养热爱自然、保护环境的意识。

2. 试分析教学目标

下面这个教学目标未用"三维"的形态，是否体现了"三个维度"的统一，请试作分析。

《说"屏"》（人教版初中《语文》八年级上）教学目标：

①能正确、流利、有感情地朗读课文，掌握"屏"的有关知识。

②品读课文中关键词句（包括引用的诗句），读懂作者对"屏"的特殊情感。

③在理解课文内容的基础上，学会欣赏"屏"，激发学生的审美情趣。

3. 比较教学目标

请比较下面三组教学目标有何异同，找出各自存在的问题并加以改正。

《散步》教学目标一：

①了解课文内容，欣赏优美的语言，领悟课文深层含义。

②学习勾画和积累关键性语句，学习在具体语境中理解词语并根据表达的思想内容来遣词造句。

③体会文章中流淌着的浓浓亲情，培养自己的社会责任感。

《散步》教学目标二：

①有感情地朗读课文，并在朗读中品味文章语言的优美。

②揣摩词句的含义，领会文章的思想内涵。

③学会紧扣内容，恰当拟题。

④培养尊老爱幼的传统美德。

《散步》教学目标三：

①揣摩品味文章中的细节，感受课文中所表达的浓浓亲情。

②培养学生尊老爱幼、珍爱亲情的情感。

4. 评析教学目标

（1）下面这个教学目标，是在文本解读的基础上设定的，请按照教学目标设定的要求做出具体评析。

《中国人失掉自信力了吗》（语文版初中《语文》九年级上）教学目标：

一、文本解读

这篇文章写于1934年9月25日，正是"九一八"事变三周年之后。当时，有些人散布对抗日前途的悲观论调，指责中国人失掉了自信力。鲁迅怀着极大的爱国激情，对中华民族充满自豪感和自信力，为批驳这种错误论调，鼓舞民族的斗志而写下了这篇文章。本文通过反驳对方的论证，即揭示对方的论点和论据脱节，指出对方以偏概全的论证错误，然后以不可否认的事实正面立论，最后指出，"自信力的有无，状元宰相的文章是不足为据的，要自己看地底下"。

二、教学目标

学习本文，应该以知识能力目标为重点，学习逻辑思辨方法，掌握驳论文章的写作方法和语言特点。其次是情感态度和价值观目标，体会鲁迅先生崇高的爱国情感和救国救民的责任感。

（一）知识和能力目标

通过反复诵读课文，学生找出本文关键词句，并说出其深层含义；找出本文反驳的突破口，归纳本文驳论的基本方法；比较驳论和立论的区别。

（二）情感态度和价值观目标

深切感悟、体验并能说出鲁迅先生伟大的爱国主义情感，培养民族自信力，增强爱国主义情感，感受"中国脊梁"的传统美德。

（三）过程和方法目标

通过搜集相关资料，了解本文写作背景，阅读鲁迅先生其他相关作品，分组合作、探究和交流，领会鲁迅先生的爱国激情，学习驳论文章的写作方法，体会驳论文章的语言特点和培养思辨能力。

（2）下面这个教学目标，是在文本解读和作者介绍的基础上设定的，请按照教学目标设定的要求做出具体评析。

泰戈尔《纸船》（语文版初中《语文》七年级下）教学目标：

一、文本解读

泰戈尔的诗歌，以其高度的语言艺术吸引、感染着一代又一代读者。这首诗的1~3句写渴望，叙述我将"我的名字和我住的村名"写在纸船上，放入急流，渴望异地的人知道我是谁。诗的4~6句写希望。这里的希望主要是希望纸船把我园中长的秀丽花带到岸上，希望能有游伴把天上的小朵白云放到河里来与我的纸船比赛。诗人把天上的小朵白云联想成鼓着风的白帆并落到河里比赛，想象美丽奇幻且符合儿童的好奇心理。诗的7~8句写梦幻。子夜的星光下，我梦见睡仙坐在我的纸船里，缓缓地浮泛前去。去往哪里呢？诗人并没有点明，但如果回头看看前面的诗句，我们便不难发现，载着梦的纸船的目的地是岸上。

二、作者介绍

泰戈尔，印度的多产作家。他从 8 岁开始习诗，在漫长的 60 余年的创作生涯中，共写了 50 多部诗集，计 1 000 多首诗，2 000 多首歌词。读不懂泰戈尔诗的人或许有之，但认为泰戈尔的诗歌语言不美的人却从来没有。1913 年，泰戈尔因《吉檀迦利》而获诺贝尔文学奖，《纸船》是泰戈尔《新月集》中一首别致的诗。泰戈尔一生共创作了 50 多部诗集，12 部中、长篇小说，100 余篇短篇小说，20 余种戏剧，还有大量有关文学、哲学、政治的论著、游记和书简等。此外，他还是位造诣颇深的音乐家和画家，曾创作 2 000 余首歌曲和 1 500 余帧画，其中歌曲《人民的意志》已被定为印度国歌。

在 60 余年的艺术生涯中，他继承了古典和民间文学的优秀传统，吸收了欧洲浪漫主义与现实主义文学的丰富营养，在创作上达到炉火纯青的地步，取得了辉煌成就，成为一代文化巨人。1913 年，"由于他那至为敏锐、清新与优美的诗；这诗出之以高超的技巧，并由他自己用英文表达出来，使他那充满诗意的思想业已成为西方文学的一部分"，获诺贝尔文学奖。英国政府封他为爵士。

1941 年 4 月，这位旷世奇才、印度近代文学的奠基人写下遗言《文明的危机》。同年 8 月 7 日，泰戈尔于加尔各答祖宅去世。

三、教学目标

（一）知识与能力

（1）诵读课文，感知诗歌歌颂儿童的主题，理解诗人表达的情感。

（2）体会诗歌中的大胆想象，理解想象在诗歌中的作用。

（3）理解诗句中限制性和修饰性词语的表达作用。

（二）过程与方法

（1）运用诵读法朗诵并感知课文。

（2）合作探究诗句中具体词语的表达作用。

（三）情感、态度价值观

体会诗中童真情趣，提高审美雅趣，培养对生活的热爱。

（3）下面两个教学目标，是在文本解读和学情分析的基础上设定的，请按照教学目标设定的要求做出具体评析。

①《茅屋为秋风所破歌》（人教版初中《语文》八年级下）三维教学目标：

一、文本解读

此诗为我国著名诗人杜甫所作。他是我国文学史上伟大的现实主义诗人，他的诗歌具有丰富的社会内容，广泛而深刻地反映了当时的社会面貌，而且充满着热爱祖国、热爱人民、不惜自我牺牲的崇高精神。他的诗被后人公认为"诗史"，他本人被尊为"诗圣"。

此诗作于上元二年（761）。"安史之乱"中，杜甫流寓成都。乾元三年（760）的春天，杜甫求亲告友，在成都西郊盖起了一座茅屋，总算有了一个住所，不料才一年多，八月大风破屋，大雨又接踵而至。诗人长夜难眠，感慨万千，写下了这篇脍炙人口的诗篇，借此抒发自己忧国忧民的情感。

本诗富含人文性内容，作者在本诗中表现出强烈的忧国忧民情感和苦己利人的人生态度。

二、学情分析

针对目前我国中学生大多是独生子女，在家中受呵护过多，缺乏利他和吃苦教育，容易养成以自我为中心、养尊处优的习惯。充分发挥本诗的人文性特点，贯彻实施新课标提出的大语文教育观和语文情感教育观，强调语文课程在"育人"方面的重要作用，特别是充分利用作者在本诗中表现出的强烈忧国忧民情感和苦己利人的人生态度，以爱国情感和克己利人教育为重点。

三、教学目标

围绕新课标的"三个维度"的教学目标要求，设定本文课堂教学目标：

（一）情感态度价值目标

联系当时现实及诗人身世处境，反复诵读本诗，体验并说出作者在"安得广厦千万间，大庇天下寒士俱欢颜，风雨不动安如山"、"何时眼前突兀见此屋，吾庐独破受冻死亦足"诗句中表现出的情感态度；讨论诗人的忧国忧民情感和苦己利人的人生态度，并发表自己对忧国忧民情感和苦己利人的人生态度的认识。

（二）过程方法目标

现代课程教育理论和新课标，特别强调学习过程和方法，学生的学习兴趣、态度、方法、习惯的培养都离不开具体的学习过程和方法。学生只有通过不断的语文实践，才能培养语文学习的兴趣、态度、习惯，改善语文学习方法，提高学生的语文素养。诗词是最有趣和最活泼的文学形式，学生通过查阅、搜集本诗写作背景、杜甫诗集、历代对杜甫诗词评价等资料进行探究性学习，学会搜集、整理和研究信息的方法。通过反复诵读本诗，体验、品味诗词意境和写作技巧，掌握学习诗词的方法。

（三）认知目标

有感情地朗读课文，在朗读中熟悉诗文，了解诗中所叙写的内容。通过反复吟咏、联想，把握诗歌意象，进而了解诗中的意境。了解诗词写作特点，在反复诵读中，加深对诗词的体验，积累词语知识和诗词知识，培养诗词语感，熟悉和发展诗词学习方法。

②《羚羊木雕》（人教版初中《语文》七年级上）重点教学目标：

一、文本解读

《羚羊木雕》讲述的是子女和父母之间发生的一场矛盾。"我"把父亲从非洲带回来送给我的羚羊木雕送给了最要好的朋友万芳，父母发觉了，逼"我"把它要回来。"我"被逼无奈，只得硬着头皮开口，让万芳把羚羊还"我"。"我觉得我是世界上最伤心的人！因为我对朋友反悔了。"

本文主要涉及态度和价值观问题。"我"的人格受到父母的伤害，"我"的诚信，受到父母的破坏，"我"伤心极了。本文深刻地反映了不同价值观念的碰撞，还提出了如何处理人际关系的问题。

新课标提出要培养学生积极的人生态度和正确的价值观。诚信是我们中华民族崇尚的美德，但是现今，诚信越来越不值钱。有的人为了追逐名利，掺杂使假，假冒伪劣，背信弃义，污染了孩子成长的社会环境。像本文的父母把羚羊木雕看得比诚信重要得多，不惜牺牲孩子的诚信，逼着孩子去把羚羊木雕要回来。这样长期以往必然影响孩子的诚信价值观。再有，我国几千年的封建统治、等级森严的社会制度、三纲五常的伦理道德，给国民造成了极深影响。即使在今天，仍有很多像"我"父母那样的人，无视孩子的人格权利，恣意妄为，强迫孩子按自己的意愿、价值观念做事。如此必然影响孩子健康人格的养成。

二、学情分析

初中生正处在人生价值观发展形成的关键时期，无论是积极的或是消极的因素都会对其产生深刻的影响，必须及时地让他们认识正确的价值观念，正确地对待消极因素的影响，建立正确的价值观体系。

三、教学目标

可将形成正确的诚信、友谊价值观作为本文的重点教学目标——情感态度和价值观目标：

通过独立朗读课文，进行自主合作探究的学习，学生能够结合自己的类似经历，写出一篇练笔短文，描述家庭生活中诚信、友谊等价值观碰撞的现象。

第三单元

语文综合性学习·教学内容确定技能训练

【训练导言】

教学内容确定技能，主要是指如何将文本解读成果转化为适宜教学的内容的技能。包括：依据教学目标、选文功能和学生需求确定教学内容，熟悉教学内容确定的途径，分析与处理教材内容，重构与创生教学内容，开发与利用课程资源。

教学内容源于文本内容，但二者有区别。文本内容也不同于教材内容，教材内容只关注部分文本内容。文本内容、教材内容也并不等同于教学内容。教学内容是语文教师和学生对文本内容、教材内容的重新建构。语文教学内容的生成过程，是对文本内容、教材内容的发现过程，也是教师和学生整合包括文本内容和教材内容在内的课程资源的过程。

分析与处理教材，就是从使用教材的角度，从教学的角度去实施具体的教材分析与处理技术。所以，研究和处理教材的实质是对教材进行加工，把教材内容转化为教学内容。

重构与创生教学内容，与开发和利用课程资源是紧密联系的。教材是一种资源，教师和学生也是一种资源，还有课内和课外资源，学校和社会资源，对语文这样的课程来说，更是应该好好利用这些资源。语文教学内容的确定，就是以现有的语文教科书为依据，从"用教材去教"的理念出发，让选文为我所用，或重组选文单元，或以选文为主进行拓展延伸，或整合相关选文从而形成探究性专题。整合教学资源是教师研究教材内容、生成教学内容的有效方法。

从文本细读开始预设的教学内容，应该指向并能够达成预设的教学目标。教学内容是预设和生成的统一。预设的教学内容在教学过程中会随着教学目标、教学的现实情境、学生学习的实际效果的变化而发生变化，及时调整并认真反思十分重要。

【案例评析】

案例一：《诗词五首》（人教版初中《语文》九年级上）**教学设计**

诗词五首分别是：温庭筠的《望江南》、范仲淹的《渔家傲·秋思》、苏轼的《江城子·密州出猎》、李清照的《武陵春》、辛弃疾的《破阵子·为陈同甫赋壮词以寄之》，教材是按照诗人所处年代排列的。如果照这样的顺序教学，内容就会显得很散乱。在对这五首词进行研究之后，我发现，虽然这五首诗的写作时代不同，内容各有侧重，但都体现了作者的一种"愁思"，而且关注人和人的情感尤其愁情，又是学生本能的兴趣，所以决定对这五首诗词进行整合教学。教学课时为两课时，教学主题是：问君能有几多愁？

（重庆外国语学校　王君）

评析：

抓住教材特点使之在教学中更为鲜明，这是确定教学内容的技能之一。教师在分析与研究教材时应注意抓住教材的特点，以便作为教学的主要着眼点。这个设计运用比较法对文体相同内容不尽相同的文本进行了研究与处理，抓住了教材的主要特点。文本文体不同，篇目不同，则特点不同。教师要善于抓住这些特点，以便正确地解读教材内容。

案例二:《敬畏自然》(人教版初中《语文》八年级下)

教学设计

一、导入

(1)以朗读20世纪一些关于征服自然的名言导入。

(2)教师展示《敬畏自然》一课的观点和思路。

二、语言鉴赏

(1)教师示范鉴赏。

(2)分小组鉴赏交流。

三、争鸣

(1)展示相悖的观点。

(2)看教师制作的关于人与自然的关系的视频。

(3)朗读本单元其他课文的相关段落。

(4)朗读展示中国古代关于人与自然关系的名句。

四、小结

修改后的教学设计:

一、导入

(1)以20世纪一些关于征服自然的名言导入。

(2)朗读第一自然段,提取关键信息,引出作者观点"敬畏自然"。

二、共鸣

(1)分小组提取2~10自然段的中心句、关键词,在教师的帮助下整理作者的观点和思路。

(2)品味语言,感悟情怀

①以诗歌朗读的方式体会语言要点一。

②以进入情境对比关键词的方式体会语言要点二。

③以仿句和激情朗诵方式体会语言要点三。

(3)小结:作者之理和作者之情。

三、争鸣

（1）展示相悖的观点。

（2）朗读本单元其他课文的相关段落。

（3）看教师制作的关于人与自然的关系的视频。

（4）朗读展示中国古代关于人与自然关系的名句。

四、总结，在朗读末段总结句中结束全课

五、教学反思

以上两个教学设计，后者是在前者教学实践失败后的教学重构。对比两个教学设计，依据实际教学成效，我认为两次教学设计，主要有四点不同，这决定了教学的成败。

第一，在第一个教学设计中，我放弃了"整理作者观点"这个环节，原因是我在阅读文章的时候发现要彻底理清作者的思路是一件费力不讨好的事情。于是决定绕过这个难点——由教师直接展示作者的观点和思路，目的是节约更多时间让学生在后面的语言品味和观点争鸣中能够尽可能地展开。但是，教学实践证明，对议论文而言，绕过"整理观点"的做法绝对是急功近利的。没有这个内容的铺垫，后面的品味与争鸣就成了"无土栽培"，教学效果可想而知。修改时，我把"共鸣——整理作者观点"作为开启教学的第一步。鉴于时间和教材的特点，在此加大辅助力度：要求学生速读课文，分小组寻找和提炼文段的有效信息，师生共同完成对教材的整体阅读，对作者的主要观点和思路了然于胸，为进一步鉴赏打下了坚实基础。这个失误让我意识到：教学内容应依据文本的特点和学生的实际情况进行选取，仅以教师的意愿进行取舍教学内容只会让教学断层。

第二，在第一个设计中我的想法很圆满：进入文本鉴赏后，先对某个关键句进行示范鉴赏，然后分小组让学生进入各段的鉴赏交流，但教学并没有达到我的预期效果。原因首先是整体阅读的缺乏让学生很难在细节上引发共鸣，其次是《敬畏自然》的文字确实比较深奥，从第五段开始许多词句初二学生理解起来的确有难度。文本中哲理和科学交织的表达方式本质是不适合"鉴赏"的，也很难让初中生用语言来表达清楚。第二次设计进行了调整。一是重新定位目标，降低教学要求，通过鉴赏语言感悟作者情怀，努力与作者产生共鸣，而不再要求学生理解文中一些过于深奥的句子。二是改变教学重点。决定暂时忽略文字较为深奥的6～10自然段，而在前五自然段中选择突破点。鉴于课文比较难，"放羊式"教学（即新课改以来很流行的"请你找出自己欣赏的语句进行品味"式的教学）并不适合学生，我选择了定点式教学——明确本节课语言鉴赏的三处"要点"，重点打锤这三处。三是分散教学难点。调整语言鉴赏的顺序，让学生对作者情感的感悟能够有序进行——由"敬"到"畏"，层层深入，渐入佳境。实践证明，教学效果相当好。

第三，第一个设计中我采用的"放羊式"教学"放"得较开，给予了学生选择语言点的自主权，也给予了学生选择表达方式的自主权。我以为，这样可以调动他们的兴趣和激发他们创造的欲望。但恰恰相反，学生注意力被6～9段中似懂非懂的"另类思想"吸引，纠缠于这些句子而不得解脱。语文课被悄悄地异化为生物课、物理课。针对这个误区，在第二次设计时我采取适当的"收拢"——三处语言品味。第三处语言品味的设计让我感触颇深。最初选择"谁能断言那些狼藉斑斑的矿坑不会是人类自掘的陷阱呢"作为学生的仿句，但效果并不理想。问题在于此语言点仅仅是整个文本中一个微不足道的细节（不属于核心细节），教学中在这样一个细节上

"大动土木"，影响了学生与作者的整体对话，阻碍了学生从整体上构建文本的行为，学生情感体验的热情也由此被阻断。所以，在第二次设计中我将此内容删掉了。实践证明这种做法是明智的。看来，处理教材时对教学内容进行主次选取也是很重要的。

第四，前后两个设计都把课堂尾声定位为"争鸣"。实践证明这个设计是合理的，设计相同之处是使用的材料相同，不同是顺序的安排和收束的改变……

（重庆外国语学校　王君）

评析：

从这个设计中可以看出，王君老师是基于以下三方面的考虑来处理《敬畏自然》的教学内容的：第一是课程目标。课文所在第三单元所有选文都涉及人与自然的主题，单元目标是"在理解课文内容、熟悉科学文艺作品特点的同时，树立环保意识"。王君老师在"争鸣"环节引导学生朗读本单元其他课文的相关段落以加深他们对课文内容的理解，显示了她对单元教学目标的了然。第二是文本特性。王君老师认为《敬畏自然》是一篇"高难度的课文"，难在何处？难在内容！第三是学生的学情。王君老师揣摩，初二学生如果要深入理解如此艰深的内容还相当困难。因此，课文"说什么"以及"什么"相关的主题，就成为教学内容的着落点。我们可以从王君老师取舍和确定教学内容的三维——课程目标、文本特性和学生学情中获得启迪：教师在取舍教学内容时，应具有明确取舍内容、遵循取舍要求和把握取舍途径等处理教材的技能。

案例三：《人是什么》（人教版高中《语文》第五册）教学设计

一、教学目标

根据教材选文的助学系统设计，教学本文着重在于对"文本"所阐述的"人"的意义进行彻底、清晰、明确地领会，以使学生达到对"人的意义"的深刻认识。因此，把教学目标确定为：

（1）引导学生通过质疑思辨，理解重点语句的含义来思考人生的意义，加强自我修养。

（2）启发学生把握现时，就是要珍惜并牢牢地把握现时每一分钟，努力学习。把握现时是实现希望的前提和保证。

二、教学重点

通过把握现时来实现"人的意义"。

三、教学难点

怎样通过解决"文本"所承载的意义与学生原有观念之间的冲突，来使学生理解人的意义与价值。

四、教学思路

对于"人的意义"这种哲学问题，人们一般需要对其彻底、深刻的理解后才能接受、认同、内化为自己的价值观念。所以，本文的教学先对课文所承载的内容进行概括和阐释，再将课文的内涵与学生原有的思想观念进行比较，进而明确"人的意义"并通过把握现时实现"人的意义"。

五、教学过程

（一）导入：

人是什么？"要回答清楚这个同人类自身一样古老的问题是着实不容易的。因为即便是爱因斯坦这样一身充满智慧的人，有时也难免被这个最古老、最棘手的问题弄得非常尴尬，手足无措。"这一段话原位于课文第二小节之前，现已删去，但读者也不难从爱因斯坦的"自白"中掂出这个问题的分量。赵鑫珊在这篇文章里对"人是什么"做了怎样的回答。

（二）请同学们仔细阅读课文，并做一做课后的练习2和练习3，同时将难以理解的句子找出来，以便与师生进行讨论交流，明确其深刻的含义。

全文共分为两部分。前一部分列举爱因斯坦、雨果、加缪、歌德、康德、孔子等大师对"人是什么"这个问题的回答。中心点是，人生的意义在于不断工作。这一部分实质上就是把握现时。后一部分进一步向过去与未来展开，实质上就是向人的心理活动方面展开，可以更好地理解积极的人生态度为什么在于把握现时，不断工作。

对前一部分问一个为什么，就可以领会前后的联系：为什么歌德、康德、爱因斯坦、孔子都认为人生就是不断工作，他们不畏劳苦的动力从何而来？这样一问，就知道后一部分正是回答这个问题的。

作者将人生划分为以往、现时和未来三个部分，认为"人生是由三部分组成的：对往事的追忆、对现时的把握和对未来的憧憬"，作者对这三个组成部分一一展开论述。

学生划出这三个部分。

思考讨论：

对往事的追忆，有好几层意义。第一，回忆给人以慰藉和快乐；第二，回忆增强憧憬未来的信心和勇气；第三，即使回忆痛苦的往事也是甜美的忧郁，能给人以最高的美学享受；第四，回忆又是许多文艺作品的创造心理动机之一，是构成文艺作品的一大内容，这样的作品能够勾起人们对往事的回忆；第五，追忆往事可以弥补现时生活中的缺陷和不足，也是愿望的实现。

对未来的憧憬，即希望、理想和追求，支配着人类的一切活动，不断追求，充满希望的人，正是孔子所说的"生无所息"的生活强者。不断地追求，使人感受到真正的幸福和满足。

对现时的把握，就是要珍惜并牢牢地把握现时的每一分钟，努力工作。把握现时是实现希望的前提和保证。

对往事的追忆、对现时的把握、对未来的憧憬，三者有不可分割的联系。失去对往事的回忆和对未来的希望，就难以把握现时。把握不了现时则不能称其为人。回忆固然有其意义，毕竟是远了、暗了的暮霭，对未来的希望才是近了、亮了的晨光。

（三）通过师生讨论，深刻理解下列句子。（课后练习4）（略）

（四）根据课文回答下列问题，并根据自己已有的认识作比较，看看有什么不同。（课后练习5）（略）

（五）按追忆往事、憧憬未来、把握现时三方面摘抄本文格言式的精辟议论，并争取背诵。（课后练习6）

（六）课外作业：（课后练习7）

六、练习设计

（1）就18世纪德国著名思想家兼文学家莱辛说的格言"不断追求真理要比占有真理更高贵"，写一篇小论文，谈谈自己的认识。要有充足有力的论据，有推理分析。

（2）收集"烈士暮年，壮心不已"的名人（古今中外皆可）事迹，并做出自己的评价。

研究方法：①查阅图书资料或上网查询。②确立重点

（或一个人物，或某一方面，如政治、军事、社会、科学、艺术等），筛选整理资料。③写出自己的评价文章。参读书目：各种名人传记，各种有关报刊文章。

（3）新时代的青年应如何把握现时？研究方法：讨论、辩论会、演讲会。参读书目：《毛泽东选集》的有关文章；《邓小平文选》的有关文章；江泽民、朱镕基等领导人的有关讲话。

（4）以牛希济的《生查子》和秦观的《满庭芳》为例，分析鉴赏诗词中的回忆有怎样的"甜美的忧郁"，也可补充其他诗词甚至其他艺术作品作比较分析。研究方法：诵读、分析鉴赏、比较鉴赏。参读书目：《唐诗三百首》、《宋词三百首》、《古诗鉴赏辞典》。

七、教学建议

第一，熟悉"定篇"的功能和性质。"定篇"的选文，无论是内容还是形式都应该称得上典范的作品。"定篇"所体现出来的内容与形式的完美统一就是阅读课程的重要内容，学习"定篇"就是学习"定篇"本身所具有的丰富内涵。但这本身所具有的丰富内涵并不是读者对"定篇"的阐释，而是编在教材里或教学用书中的权威人士对此文所作的深刻理解，作为学习"定篇"的师生就是彻底、清晰、明确地领会权威人士对此文所做的解释。学习"定篇"的目的，就是通过学生对经典文化、文学的浸染，达到对学生精神的充实和对人与自然、人与社会、人与自我关系的进一步思考和认识。

第二，仔细钻研体现在"定篇"选文设计中的课程内容。前面曾讨论到阅读教学内容的情感、态度与价值观要素分为两类，一类是文化、教化因素，一类是自主发展因素，而这两类又包括很多方面，这些要素大都是通过"定篇"来学习的。

所以，在具体的"定篇"教学中不可能把"定篇"所涉及的所有课程内容都作为教学内容，这就有一个对其所体现的课程内容有一个筛选的过程，那么又怎样来筛选呢？以什么为标准来筛选呢？回答之一就是通过"定篇"的助学系统设计来筛选，而"定篇"的助学系统设计又主要体现在练习题的指令中，所以对"定篇"练习题指令的分析就可以筛选出把什么样的课程内容作为教学内容。

第三，掌握"定篇"的常用教学方法。对于学生来说，"定篇"所体现的教学内容常常是一些新经验，这些新经验又是经典、模范，是学生应当内化为自己的价值观念的东西，是不能以学生原有经验来加以改变，只能通过改变或重组学生原有的认知结构，或者对新经验进行重新编码才能认同、内化这些新经验。因此在教学过程中，着重于通过多种形式或途径呈现教学内容，通过教师、教材编撰者对权威人士的解释进行阐述，或通过师生的讨论，教师以自己的言论来强化、浓化、厚化这些经验。所以，"定篇"的教学在于创设一定的情境，引起学生内心的共鸣，通过学生自己的检查、反思、比较"定篇"所提供的新经验和自己的原有经验，最终将认同、内化新经验。

（成都双流中学　陈剑泉）

评析：

案例基本上是按照"教学建议"这个思路来进行的。首先，将教学内容确定为对"人生意义"的理解和如何通过把握"现时"来实现自己的人生意义。本文所体现的"情感、态度与价值观"的要素很多，既有形式方面的，又有内容方面的。但根据课后练习题的指令，显然，教材编撰者把此文所承载的内容作为"教学内容"，因此本文的教学设计基本上是以解决练习题的思路来进行思考的，这种设计思路完全体现了助学系统设计者的意图。从这个角度来说，如果助学系统设计者的意图又是来自于权威者的解释，那么"定篇"的教学可以称得上就是"教课文"。

其次，为了强化、浓化、厚化课文所提供的新经验（人生的意义和通过把握现时实现人生的意义），以使这些新经验内化为学生自身的内在需要，本教学设计采用了多种不同的形式涉入教学内容。如教学设计的第一步的导入语是把课文删去的部分提出来，引起学生对人生的思考；教学设计的第二步是解决课后练习2和练习3，是为了从整体上把握课文内容，对课文所写的有关要内化的教学内容有一个整体的了解；教学设计的第三步和第四步分别是解决课后练习4和练习5，是以通过对名人名言的理解和文中富有哲理的句子的讨论形式，加深学生对新经验的深刻思考；教学设计的第五步是课后练习6，是以学生整理和背诵名言名句的形式，深化学生对人生的意义和怎样实现人生的意义的理解；教学设计的第六步是课后练习7，以学生实践探究的形式来进一步强化学生所内化的教学内容。

案例四：人教版初中第二册第一单元重新组编

一位教师在研究语文课本时发现：原人教版初中第二册第一单元的几篇课文（《敬畏生命》、《紫藤萝瀑布》、《白蝴蝶之恋》、《挖荠菜》、《热爱生命》、《提醒幸福》），可以集中地启发学生的生命意识，但对于初中一年级的学生而言，话题又有些沉重，而且后几篇选文更侧重于对抽象的生命和幸福的理性感受。他还发现：同一册书第四单元中的《安塞腰鼓》、

《在声音的世界里》表达的也是人类对自然、对生命本质的追寻，应该与上面几篇选文的题材归为一类。于是，这位教师对这些选文做了二次处理，把这几篇选文重新组编成以下几类：

（1）植物现象给人的震撼：《敬畏生命》、《紫藤萝瀑布》，着重表现植物给人的生命震撼，使人产生生命喜悦和生命活力。

（2）动物生命给人的思考：《白蝴蝶之恋》表达的是人对动物的爱心以及由一只轻盈的蝴蝶而引起的对人的生存状态的沉重慨叹。

（3）声音现象对人生的启迪：《安塞腰鼓》、《在声音的世界里》揭示了音乐对人生的启迪和对人格的提升。

（4）热爱生命：《热爱生命》告诉人们珍惜时间就是热爱生命。

（5）珍惜幸福：《挖荠菜》让人们懂得幸福来之不易。《提醒幸福》指点人们超越现实苦难，珍惜眼前幸福，珍惜生命。

为了丰富学生对生命的认识和对人生的体验，这位教师还向学生推荐了与教科书配套的自读课本中的《欣赏生命》、《关于生命的思考》、《领悟生命》、《感谢的心》等选文。

在大量阅读的基础上，教师布置了写作实践，要求学生以"自然与生命"为话题，写一篇500字左右的文章，表达自己的真实体验。

（孙茂响. 关注生命和个性·促进语言的学用——对初中第二册第一单元课文的二次处理［J］. 语文教学通讯（初中刊），2003（1）：33）

评析：

以现有的语文教科书为依据，从"用教材去教"的理念出发，让选文为我所用，重组选文单元，这是教师研究教材内容、生成教学内容的有效方法，也是许多富有创造性的教师的教学经验。这位教师对教材的二次处理，具有以下几个特点：

（1）通读全册课本，把一册书作为一个教学整体来考虑如何使用。研究选文不应局限于一个个独立的篇章，而应使选文前后照应，通体贯一。教师打破了语文教科书编者所组编的单元限制，从选文自身所具有的"文本间性"出发，充分发挥了选文的内在潜能。

（2）以人文精神中最本质的要素——生存的状态、人生的意义、生命的价值等为教学的话题。这是一个极有意义，也极其困难的话题。

（3）从学生的年龄实际和接受程度考虑，引导学生由浅入深，从感性到理性地去谈论这个重要的话题，认识生命的意义，体验人生的况味。

（4）把必读课本和自读课本打通使用，开发和利用了师生手中最基本的课程资源。在同样的教学时间里，在不加重学生负担的前提下，增加了学生的阅读量，开阔了学生的眼界，何乐而不为！

案例五：选文的延伸拓展

目的与宗旨：在熟读背诵《离骚》的基础上，深入理解屈原的思想人格和诗作的表现手法，并拓展研究某一相关领域的问题，写出1 000字以上有一定见解的论文。

相关课题有：①屈原的人物研究；②楚辞的文化研究；

③《离骚》的语体研究。学生 3～5 人自由组合成一个小组，协商任选一个课题。

教师为"屈原的人物研究"课题提供的联读资料有：①司马迁的《史记·屈原贾生列传》；②贾谊的《吊屈原赋》；③《屈原精神与中国传统文化》（《天津师范大学学报》1992年第 3 期）。为这一课题拟定的论文选题有：①试论屈原对李白的影响；②屈原自沉对中国文人的影响；③屈原人格的构成要素；④屈原与湖南龙舟民俗；⑤长沙市与屈子有关的名称考察；⑥屈原的爱国思想与今天爱国主义的比较。

教师为"楚辞的文化研究"课题提供的联读资料有：萧兵的《楚辞文化》（中国社会科学出版社 1990 年版）、潘啸龙的《屈原与楚文化》（安徽文艺出版社 1991 年版）、余秋雨的《文化苦旅》（上海出版社 1998 年版）、李泽厚的《美的历程》（中国社会科学出版社 1981 年版）中对楚辞《离骚》部分的论述。为这一课题拟定的论文题目有：①长沙方言虚词考；②屈子何以自恋美人香草；③《诗经》和《楚辞》抒情发生之比较；④屈子思想与儒道两家的关系；⑤"仁者乐山，智者乐水"，在仁与智之间的屈原；⑥战国时期的地缘智者与地缘文化。

教师为"《离骚》的语体研究"提供的联读资料有：①郭建勋的《汉魏六朝骚体文学研究》（湖南教育出版社 1997 年版）中"骚体的形式特征"一节；②《汉文学史纲要》（《鲁迅全集》，人民文学出版社 1981 年版）；③屈原的《涉江》；④叶幼明的《辞赋通论》。为这一课题拟定的论文题目有：①试论"兮"字在楚辞中的多种作用；②试论骚体诗不同于四言诗和五言诗的结构与节奏；③象征和赋、比、兴之间的关系；④试论骚体诗的朗读规律；⑤骚体诗的几种常见句型解析。

（《语文学习》编辑部．语文研究性学习个案选［M］．上海：上海教育出版社，2003．79~87）

评析：

从上面摘要编选的案例中，可以看出如下特点：

（1）以一篇选文为核心实施拓展联读的活动，总是和一定的研究目的联系在一起，具有或深或浅的研究性学习的性质。案例为学生设计了研究选题，拟定了论文备选题目，要求学生写出1 000字以上的论文。这就给学生的阅读活动指明了方向，树立了目标。这些要求对学生有一定的动员和激励作用。

（2）为研究问题而进行拓展联读的目的不在于脱离实际地追求课题结论的深刻老道或曰成一家之言，而在于加深对屈原和《离骚》的认识；更重在学会如何查找和运用资料，如何形成自己的观点，如何推理论证观点，如何写作简单的研究论文等。在这些学习过程中，引导学生体会研究的特点和方法，培养良好的治学精神和习惯。

（3）案例还为学生提供了课题解说、资料提示、论文示范等资料，引领学生一步步走上学习和研究的道路，改变自己已经习惯的、单一的接受学习方式。这些资料给学生的学习和研究打开了一个创造性的思维空间，为学生从事研究性学习准备了条件。这样做，不仅有助于消除学生的畏难情绪，而且会让学生感受到成功的愉悦。

（4）教师为这一拓展联读的研究性学习做了充分的准备。从中可以看出这位教师所具备的渊博的专业知识、开阔的学术视野以及高超的分析与综合能力。这位教师的教学实践告诉人们；教师如果没有丰厚的知识储备就难以组织学生进行拓展性联读；没有精湛的学术素养就难以指导学生进行研究性学习。

总评：

教学内容不同于教材内容与文本内容。这样的情况有两种：一种是无意识地偏离文本内容与教材内容；一种是对文本内容与教材内容的创生与开发。因此；教学内容的确定，应依据课程目标、学生学情、文体特点等，使教学内容的指向性明确、恰当、充实，又能突出教学重点，解决疑点和难点。教学内容的创生，即对教材内容的"重构"，包括适当调整、重新组编、拓展延伸等。教学内容的确定，前提是教师必须从"教教材"向"用教材教"转变，熟悉教材文选的结构，发挥教材定篇、例文、样本、用件的功能，有意识地整合课内外课程资源，使之有利于教学目标的达成、课程目标的最优实现。案例一，抓住该单元教材的特点，提炼出教学的主题，作为教学的主要着眼点。案例二，确定教学内容，应考虑课程目标、文本特性、学生的学情。案例三，以解决练习题的思路来进行教学设计，借用教材助读系统的提示，充分发挥选文的定篇功能。案例四，从"用教材去教"的理念出发，重组选文单元，对教材作二次处理。案例五，则是以一篇选文为核心实施延伸拓展的有益探索。

思考题：

1. 文本内容是否等同于教材内容？教材内容与教学内容是什么关系？文本内容如何转化成教学内容？

2. 怎样理解教学内容是教师对教材内容的教学化处理？

3. 为什么说确定教学内容要依据文本特性、教学目标和学生学情？

4. 重构教学内容有哪些途径？如何开发与利用课程资源创生教学内容？

5. "教教材"与"用教材教"有何不同？如何实现二者的转变？

【技能训练】

一、教学内容确定技能训练目标与任务

（1）正确分析与处理教材内容，创造性地使用教材。

（2）探索教学内容重构与创生的途径和方法。

（3）重视教学内容课程资源的开发与利用。

二、教学内容确定技能训练要求

（一）明确教学内容确定的依据

1. 依据教学目标确定教学内容

教学内容要根据教学目标来确定，使内容的难度恰好落脚在学生通过努力可以达到的潜在接受能力上，让学生在教学中有一种跳一跳就能摸得着的满足感，从而不断开发新的"最近发展区"，促进学生发展。教学内容的广度也要适当，既要围绕教材内容，又不能拘泥于教材。总之，教学内容的确定要有利于教学目标的达成。

2. 依据选文功能确定教学内容

语文教材里的选文，大致可以分成四种功能类型：定篇、例文、样本、用件。

（1）定篇，应着眼于文本内涵的理解与领会。"定篇"，

一般指经典名篇，学习它们是为了传承文化，学生学习的是经典的丰厚内涵，掌握选文本身。教学时要彻底、清晰、明确地领会文章内涵。

（2）例文，应着眼于语言知识的掌握。"选文"主要是说明"共同的法则"和"共通的样式"的"例子"（例文）。

（3）样本，应着眼于读写方法的掌握。"样本"的教学内容生成于课堂。从这个意义上讲，"样本"就是一种特殊形式的"例文"，教学内容与"例文"本质上没有差别，不同的是"读文"和"读法"的区别，即教学归属有异。

（4）用件，应着眼于语文内涵、知识和读写方法的综合运用。"用件"是针对上述"定篇"、"例文"、"样本"这三类"学件"提出的。它关心的是课文的内容，即课文"说了什么"。学生其实不是去"学"文，而主要是"用"这一篇文里的东西（信息），"借选文所讲的那东西触发，去从事一些与该选文或多或少有些相关的语文学习活动"。

3. 依据学生需求确定教学内容

教学内容的确定，必须考虑学生的需求。钻研教材时教师对有关问题的观点可能掌握得较多，但教学时应选取与学生实际（如认知规律、学习风格等）契合概率较大的内容，作为教学内容。

一篇课文的教学内容，从学生的角度讲，可以归结为三句话：学生不喜欢的，使他喜欢；学生读不懂的，使他读懂；学生读不好的，使他读好。也就是说，教师要教的，是学生不喜欢的地方，是学生读不懂的地方，是学生读不好的地方。选择教材内容时要学会换位思考：如果让孩子们来解读这个文本，他们会怎样解读？他们有哪些不懂的地方？他们会提出什么问题？

（二）熟悉教学内容确定的途径

在分析和研究教材的基础上，教师还要结合学生实际及教师自身的经验和风格，重新组织、加工、处理教材，形成一个主次分明、详略得当、前后有序、张弛结合、结构优化的内容体系。对教材的组织和处理是否科学、合理，是能否完成教学工作的直接前提。组织和处理教材应注意满足以下要求：

（1）把握整体。要在整体上把握教材，一是要注意从课程总体上把握教材内容之间的相互关联和前后呼应，二是要注意从具体内容上照顾知识的内容结构和知识之间的衔接、铺垫和相互渗透。

（2）了解对象。要注意从学生的知识基础、认知特点和认知规律出发去把握教材。例如，要适当引入感性材料，将理论分析与实践教学结合起来，注重教学过程的逻辑线索和层次关系。

（3）分清主次。要始终坚持突出重点，抓住关键，突破难点的原则。对那些重点内容（尤其是那些既是重点，又是难点的内容），要舍得花时间、花精力，争取从不同角度以不同方式对学生进行指导，甚至要保证有必要地重复；而对于一般性内容则可加快教学进度，或者布置学生自学。

（4）注意互动。在对教材的处理中还要注意调动学生的积极性，引导学生参与课堂，在师生之间形成心理互动。一种常见的方式就是精心设计课堂提问的内容和形式，启发学生在这种师生间、学生间问答讨论的过程中积极思考，展开想象，从而达到对内容的理解和掌握。

（5）适当调整。教材内容虽有一定的规范性和权威性，但却难以适应不同地区、不同学生，也难以及时反映社会和人的发展的新要求。在进行教材的组织和处理时，可以根据变化和需要对教材内容进行适当的删减或补充，对内容安排的顺序进行合理的变更。

（三）掌握教学内容重组技能

教学内容的重组，即对教材内容进行教学化处理，就是对教材内容进行精选、调整、加工和组合，要求能做到"五个有利"：

一是教材重组要有利于缩小教材体系与学生实际水平之间的距离，易于建立"最近发展区"，使学生有可能达到发展水平。

二是教材重组要有利于激发学生的情感，能引导学生有兴趣地学，能激发学生追求知识的欲望，能满足学生对知识"懂"的需要和"会"的需要等。

三是教材重组要有利于学生发展智力，积极思考，有利于学生认真听课，深刻领会。

四是教材重组要有利于学生理解解决问题的思路和方法，有利于学生理解知识的发生和发展过程、概念的概括过程、结论的探究过程等。

五是教材重组要有利于培养学生的观察技能、实验技能、调查技能以及实事求是的态度。

教学内容重组的基本技能及要求是：

1. 抓关键

抓关键是研究和处理教材所应具备的基本技能。从教学的角度看，教材的关键之处主要体现在教材特点、重点和难点的地方。

（1）抓特点。一是抓教材的篇章特色（如结构、思路等）；二是抓教材的文本特色（如文体、语言、意象、修辞等）；三是抓教材在全册或单元中的"地位"；四是抓教材的内容特色。文本文体不同、篇目不同，则特点不同。

（2）抓重点。根据教学要求和学生实际，抓住教材的某些部分或某些方面作为教学的重心，使之成为教学的重点。确定重点的标准有：最基本的，即基本性知识，如基本观念、基础知识、基本方法等；最核心的，即它在知识的整体结构中居于核心的层次或地位，因而能支配或影响知识的其他方面或其他部分的知识；最主要的，如主要章节、主要段落、主要问题、主要人物等，应作为重点处理；最有用的，即对学生的心智发展有着重要作用的内容；最关键的，即对实现教学目标起到举足轻重的作用，是能牵一发而动全身的那"一发"。五条标准有时是一致的，有时是不一致的，要具体问题具体分析，以便作出合理的选择。同一册教材或同一篇课文对不同的学生可以有不同的重点。

（3）抓难点。教学难点不同于教学重点。教学重点主要由它在知识结构中的特定地位和作用决定，教学难点则与学生的认知能力相关。因此，学生学习的难点，是决定教学内容是否成为教学难点的重要因素，而对教材难点的判断则取决于教师对学情的把握。要根据学生的认知水平、学习习惯和教学的目标要求来判断教材的某些部分或某些方面是否为教学的难点，并采取相应的解决策略。

2. 明取舍

语文课程教材与其他学科教材的不同之处是，后者的教学内容相对确定，知识点是明确的，而语文的教材具有不确定性和难以把握的特征，这给语文教师处理教材带来了难度，也提出了更高的要求。所以，理性地取舍和明智地选择恰当的教学内容，是研究和处理教材所应具有的重要技能。

（1）明确取舍内容。选取教学内容必须为学生的学习需要着想，它要求所选内容必须是：有利于激发学生的学习兴趣；有利于学生接受和理解；有利于促使学生积极思考，发展智力；有利于学生领会解决问题的思路与方法；有利于学生借助教材范例，领会观察、积累、联想、表达的方法，同时培养高尚的审美情操和实事求是的科学精神。

（2）遵循取舍要求。①遵循教学目标。钻研教材时掌握的材料可能有很多，但处理教材时应选取与教学目标密切相关的材料，放弃与教学目标关系不甚密切的材料，甚至"忍痛割爱"。②遵循主体。钻研教材时了解的情况可能比较全面，内容也比较丰富，但处理教材时应选取与主要内容密切相关的材料，放弃与主要内容关系不甚密切的材料。③遵循学情。钻研教材时教师对有关问题的观点可能掌握得较多，但教学时应选取与学生实际（如认知规律、学习风格等）契合率较大的内容，作为教学内容。

（3）把握取舍途径。①取舍内容。依据教学目标和学情，对教学内容进行取舍，确定教学突破点。②取舍资料。面对丰富的参考材料，只选取有利于完成教学目标、学生通过努力能够完成的内容。③取舍观点。教学设计只能从实际出发，选取比较合理的一种观点贯穿教学全程。

3. 定角度

一篇课文虽然内容是固定的，但因为含义丰富，各人的理解不同，教学的方法也可以多种多样。处理教材时，就应该从教学内容、教学目的及教学对象的实际出发，选择最佳的角度进行教学，以最大限度地发挥教材的作用。这是教师研究和处理教材所应具备的又一重要技能。

（1）选择有新意的角度。按照常有的方式去阅读，学生的阅读思路也就比较单一。事实上，读者阅读的视角不同，对作品的感受和理解也就不同。因此，教师在确定教学内容的时候，不应该简单地停留在学生已经能够抵达的角度，而应该选择较为新颖的角度去展开教学，从而提高学生的理解和鉴赏水平。

（2）选择学生感兴趣的角度。根据学生的兴趣和需要出发，选择学生感兴趣的角度来解读文本，可以吸引学生的注意力，提高教学效果。

（3）选择有深度的角度。教材的含义是丰富的，其内涵层面必有浅层次的也有深层次的。教学设计中，教师必须考虑学生的接受视野、知识背景和理解能力，选择能帮助学生达到应有的认识高度的角度。

（四）重视教学内容资源整合

语文教学内容优选和重构，应沟通课堂内外，充分利用学校、社区、家庭的课程资源。

1. 校内语文课程资源

学校语文课程资源包括：学生学习用书，教师教学用书，语文教师，学科代表，文学社团，图书馆以及语文教学模式，语文学习策略，语文教学评价等。

（1）语文教材课程资源。语文教材内容包括课文、课后作业、实践活动，还包括教材说明、单元说明、课前提示等。课文是语文教学的重要凭借，是最重要的课程资源。教材说明、单元说明、课前提示是帮助我们理解和使用教材的，课后作业也为我们理解和使用教材提供了暗示。

（2）分析教材编写思路。分析教材编写思路能为我们更加准确地把握教学内容打下基础。教材编辑者的编写意图在教材说明中有总体介绍，在单元说明、课前提示以及课后作业中有具体体现。教师必须认真分析单元说明、课前提示以及课后作业。

（3）正确解读教材内容。教材内容是达成语文教学目标的重要资源，不同的教学目标对教材内容的要求不同，对教材内容的处理也不同。正确解读教材内容，其实质是要解决"为什么教学"的教学目标问题。所以，必须树立教材使用的正确理念，正确解读课后作业，建立目标与内容的正确联系。

2. 社区语文课程资源

社区语文课程资源包括：语文教育人才资源，社区文化艺术场馆，社区文化艺术设施，社区文化艺术环境等。社区语文课程资源的优选与重构，表现在：

（1）联系生活学语文，如鼓励学生观察周围事物，养成写观察日记的习惯；引导学生多看、多听、多想，发现问题学写建议。

（2）服务社区用语文，语文教师要帮助学生运用语文为社区服务，比如，为老人读报，上街调查、纠正错别字，报道新人新事新气象，自办手抄报、黑板报等。

家庭语文课程资源包括：学生家长和亲友、家庭藏书，报刊杂志，音像资料，电脑器材以及家庭文化环境，家庭文化活动，家庭亲友交往，学生学习习惯等。家庭语文课程资源的优选与重构可以向家中的老人、父母搜集某种主题的资料，如神话传说、战争故事、儿时趣闻等，写成文章，提高语文能力，并能增进亲子之间的沟通与交流。

三、教学内容确定技能训练方式和材料

（一）教学内容确定技能单项训练

（1）教学内容的确定应有利于教学目标的达成，请依据教学目标确定相应的教学内容：

《勾践灭吴》（人教版高中《语文》必修一）教学目标：

第一，借助注释和工具书疏通文意；掌握文中出现的 10 个通假字；掌握文中的词类活用现象（使动用法、名词作动词、名词作状语）；指认文中出现的特殊句式（介宾短语后置、宾语前置、判断句、省略句）。

第二，整体感悟，揣摩人物语言，体会《国语》"详于记言"的特点。

第三，学习勾践在困境中不气馁、不沉沦、卧薪尝胆、励精图治的精神。

（2）文体特点是教学内容确定的依据，请对下面《背影》确定的主题和重点进行评析：①主题："父爱"；②教学重点：第六段，也就是父亲买橘子那一段；③方法：讲授或者讨论；④实施：观察如何仔细，描写如何具体，人物形象如何生动，让学生形成对父爱的一种体认；⑤作业：学生观察、描写心目中的父爱。

（3）学生需求是确定教学内容的依据，请对下面《兰亭集序》确定的教学重点和难点进行评析：

《兰亭集序》要讲的东西很多，如字词理解、作者资料、作者的感情变化、文章的表现手法、文章的主旨、课后练习题等。由于学生已学过两篇文言文，有了一定的积累，课前可布置学生预习，认真读课文，了解作者的有关材料，找出生字

词，自己概括文章内容，分段写段意，做课后练习题。学生充分地理解了课文，并且在处理比较简单的问题（如字词等）的基础上仍存在解决不了的问题时，教师才给予解决。如"固知一死生为虚诞，齐彭殇为妄作"的含义，作者的生死观等。有了这样的基础，教学设计就和传统意义上的从字词到课后练习题的教法不一样，而是以学生最难理解的问题作为这节课的重点，做预习和课后练习题时问题最大的，教师就把它作为这节课的难点。上课时多让学生动笔写，发现问题及时给予引导。学生通过已知来认识未知，在不断反复的过程中巩固旧知，建构新的知识体系。

（二）教学内容确定技能专项训练

（1）确定教学内容要依据选文功能，请对下面依据"定篇"功能确定的教学内容进行评析：

《再别康桥》是文学作品，而且是"非常受学生欢迎的篇目"，诗本身够得上"经典"两字，是可以作"定篇"教学的。"定篇"教学是要对作品进行透彻理解，而诗人的情感背景必然是透彻理解必不能少的内容，包括"我的眼是康桥教我开的"，诗人在康桥三年的学习生活对他的巨大影响，还应该让学生读一读作者的《我所知道的康桥》等散文作品。当然，这还不是本课教学的归属，也不应该成为这首诗的教学归属，理解本诗的核心教学内容，是对诗内容即诗人对康桥的情感的理解。至于这首诗的形式、语言等，可置于教学的后台，让学生自己去感受。理想的教学目标是，使学生了解、认可徐志摩其人其诗是中国现代文学至中国文学至人类文学艺术的一个组成部分。

（2）请对下面依据"例文"功能确定的教学内容进行评析：

《米洛斯的维纳斯》是现行高中语文教材中一篇"难教"的课文，由于对文章体式把握不准确，很容易将《米洛斯的维纳斯》教成议论文。作者在文中提出了三个问题：一是"米洛斯的维纳斯为什么必须失去双臂"？二是"为什么复原维纳斯双臂的方案全是些倒人胃口的奇谈怪论"？三是"维纳斯丧失的部位为什么必须是两条胳膊"？那么，课文内容是不是对这三个问题分别进行了阐述呢？仔细审读后我们会发现，课文讲的是作者"独特的审美体验和感受"，因此，教学本课的核心教学内容就是作者如何表达自己"独特的审美体验和感受"。需要强调的是，作者"独特的审美体验和感受"只是教学的起点，教学的落点是"如何表达"。"如何表达"这一教学落点就是我们要用本课作例子教给学生的知识。确切地说，是有关"写"的知识。

（3）这是一个以探究性专题为引领，整合教科书选文和相关的课外文字资料的学习单元，是创造性地使用教科书的案例。请从创造性使用教材的角度进行评析：①学生年级：高中二年级两个班；②单元标题：苏东坡诗文研究；③教学时：16课时左右；④阅读内容：苏东坡诗文（《念奴娇·赤壁怀古》、《定风波·莫听穿林打叶声》、《江城子·密州出猎》、《浣溪沙·山下兰芽短浸溪》、《和子由渑池怀旧》、《前赤壁赋》），余秋雨《苏东坡突围》，周国平《诗人的执著与超越》；⑤写作内容：自选角度，自拟题目，从艺术与人生两个方面写两篇文学评论。

新学过程：前14课时，学生自读诗文，其中包括教师点评《前赤壁赋》（2课时），学生写作评论；最后两课时，师生一起品评学生作文（约 13 篇）；梳理总结本单元读书写作的收获——"品诗，品文，品有字书之美味；悟情，悟理，悟无字书之文章"。

（刘占皋．汉语文教材概论［M］．北京：北京大学出版社，2004. 296～298）

（三）教学内容确定技能综合训练

（1）《记念刘和珍君》是一篇入选高中语文教材多年的经典课文，请你谈谈这篇课文的教学内容的设计要点。

（2）阅读下面这则教学设计，指出它在内容设计方面的优点和不足。

《我有一个梦想》（人教版高中《语文》必修二）

（一）教学目标

（1）品味本文运用比喻和排比等修辞手法的表达效果。

（2）体会本文感情真挚、结构严谨、文辞优美、气势恢弘的写作特点，学写演说词。

（3）理解马丁·路德·金在全文中所表述的和平斗争主张。

（4）感受作者争取种族平等的热切情怀和伟大的献身精神。

（二）教学重难点

（1）品味本文运用比喻和排比等修辞手法的表达效果。

（2）体会本文感情真挚、结构严谨、文辞优美、气势恢弘的写作特点，学写演说词。

（三）课前准备

教学之前，引导学生查阅有关资料，了解作者及美国黑人的历史和现状，加深对课文内容的理解。

（四）教学过程

1. 导入

（1）学生简介作者及美国黑人的历史和现状。

（2）教师课堂播放马丁·路德·金的《我有一个梦想》的音频片段。

2. 整体感知

（1）教师范读课义，学生思考：怎样划分本文的演讲思路？

讨论后明确：整个演讲可分为三个部分。第一部分（1～6段），指出此次游行的要求及要求的合理性；第二部分（7～16段），陈述为实现其要求所使用的斗争策略；第三部分（17～32段），表达作者心中执著追求的理想以及为了实现理想所具有的决心与信念。第一部分是这次游行活动的原因，也是演讲的基础；第二部分是这次活动的策略与目标，也是演讲的发展；第三部分是作者心目中的理想，也是演讲的高潮与结局。

（2）《我有一个梦想》的演讲特征是什么？

讨论后明确：为了追求理想，可以付出千百次的努力。信念不移、决心不改的执著精神构成了演讲词《我有一个梦想》的灵魂。充沛的情感是这篇演讲词的主线，演讲者从"结束种族奴役的漫漫长夜"的期待开始，到一百年后的今天，黑人仍是"自己所在国土上的流放者"的失望，到兑现诺言的义正词严，到"我梦想着"的灿烂前景，把梦幻、新曲、圣歌综合起来，寄托了演讲者悲愤与热切的情感。这种情感在听众的心里回荡，明确的斗争原则，切身利益的呈现，美好未来的展望，都使听众的情绪受到感染并得以升华。

3. 具体研习

（1）演说词开篇阐明了"签署解放黑奴宣言"的巨大意

义，作者这样写有什么作用？

（2）文中修辞手法运用上有何特点？

（王相文，王松泉，韩雪屏. 语文课程教学技能［M］. 北京：高等教育出版社，2007）

（3）根据确定教学内容要抓住教材关键的要求，请具体分析下面教学设计是如何抓住教材重点来确定教学内容的。

《〈呐喊〉自序》（人教版高中《语文》必修一）

一、教学目标

（1）结合鲁迅的人生经历，对关键词"寂寞"进行深入分析，体会作者前半生的思想变迁中蕴涵的孤寂和痛苦，理解"呐喊"的原因。

（2）通过对两篇序言的解读，理解作者运用"自序"这一独特形式表达自己内心世界的深意。

二、教学过程

（一）另版序言，顺势导入（略）

（二）紧扣"寂寞"，走进文本

（1）快速阅读课文，看看课文中出现频率最高的关键词是哪一个？请圈出来。

（预估：可能有"寂寞"和"梦"两种答案，强调是"频率最高"。）

（2）再读课文，"寂寞"一词在文中一共出现了 10 次，请结合文中鲁迅的人生经历思考鲁迅寂寞的原因。

①父亲的病重直至亡故及前往南京求新知。

（教师即时强调：世态炎凉带来的寂寞、游子求学在外离别亲人的寂寞和仕途失意的寂寞）

②日本仙台学医。

（教师即时强调：一个弱国子民的寂寞。可联系《自题小

像》加深理解)

③东京弘文学院筹办《新生》杂志失败。归国,蛰居北京。

(教师即时强调:这属于先驱者的寂寞。可联系《题〈彷徨〉》一诗理解)

(3)作为先驱者的鲁迅,他对这种寂寞的情感,在文中有直接进行议论的语句,有感情地朗读 7~10 自然段,思考感受最深的是哪句话,并说明理由。

(学生朗读、讨论,教师小结)

(4)重点学习课文倒数第 3 段,理解鲁迅为何会从寂寞走向呐喊。

(学生朗读)教师提问:这段话充满哲理,你觉得哪些地方最能给在寂寞中的人们以深刻的启示和鼓舞?

(利用注释让学生懂得"须听将令"的意思,解释"以曲笔让作品显出亮色"时,补充《故乡》的结尾并加以解释)

(三)回应课始,深化收束

请学生再看捷克版的序言后思考:此时的鲁迅有没有摆脱内心的寂寞?

(学生谈体会,教师小结明确:鲁迅终其一生都未摆脱内心的寂寞,所以呐喊)

(四)理解、阅读,是为作业(略)

(4)根据确定教学内容要抓住教材关键的要求,请具体分析下面教学设计是如何抓住教材难点来确定教学内容的。

《紫藤萝瀑布》(人教版初中《语文》七年级上)教学设计:

(一)文本探究(略)

(二)教学目标

（1）把握文章的写作思路，品读文章的语言，学会景物的描写方法。

（2）把握文章的主旨，体悟文本的深刻哲理，形成正确对待生活坎坷与不幸的态度。

（三）教学设想

（1）教学难点：本文是一篇睹物释怀、借景抒情的散文，由紫藤萝引向对生命的思考，初中生理解起来有一定难度。因此，把握文章的主旨，体悟文本的深刻哲理，是教学的难点。

（2）教学策略：感知课文，酝酿阅读感受，启发学生初步领会文中精细的描写、含蓄的抒情。然后遵照由浅入深的规律，采用情境渲染、整体感知、梳理文脉、思考品味等策略，帮助学生发挥观察力和想象力，理解作者含蓄而深沉的思想感情，并从中领悟生命的真谛。

（四）教学过程（略）

（5）遵循教学内容取舍的要求，对下面课文的教学内容的取舍进行评析。

《蜀道难》（人教版高中《语文》必修三）教学内容：

本课可供我们选择的教学内容大致有以下几个方面：①主题思想的把握；②写作意图的探讨；③诗歌意境的感受；④艺术手法的分析；⑤朗读背诵的指导；⑥文言字词的理解；⑦文学常识的落实。

这是一首诗，它没有表达高深的思想，但它却是中国诗歌史上的千古绝唱，是最伟大的浪漫主义诗人最富浪漫主义色彩的宏伟诗篇。所以，讲授这首诗，没有必要去挖掘其中的思想，而主要让学生品味诗人奔放的感情和丰富的想象以及新奇大胆的夸张和生动活泼的语言，感受诗歌雄奇壮美的意境。至于写作意图，是送别还是讽谏，还没有定论，况且这与诗歌的本质无关，是那些皓首穷经钻故纸堆的考据家的事，没必要将学生引入"歧途"。诗歌意境的感受，要通过反复诵读来体验，也要通过艺术手法的分析来上升到理论的高度。所以，这节课我的设想是，通过指导学生诵读和对相关诗句艺术手法的分析，引导学生感受诗歌雄奇壮美的意境。至于有关的文言字词和乐府旧题的文学常识，这是无法回避的，最好也穿插在课程之中。

（6）根据确定教学内容要选择最佳教学角度的要求，请具体分析下面教学设计是如何选择教学角度来确定教学内容的。

《十八岁出门远行》（人教版高中《语文》必修三）教学设计：

一、文本解读

人教版课标本高中《语文》必修三把《十八岁出门远行》放在第一单元，与同单元《林黛玉进贾府》、《祝福》、《老人与海》等传统小说相比，它具有先锋小说的色彩。如果继续按照传统小说人物、情节、环境的基本要素进行教学，不仅忽视了其作为先锋小说在叙事上的独特性，也由于角度陈旧，令学生失去学习兴趣，阻碍学生与文本、老师与学生的对话。所以选择从小说的叙事形式角度进行教学，这样既新颖又显示出一定教学的深度，有利于完成教学目标。

二、教学思路

（1）分析小说的叙事结构。比较它与传统小说的不同。（结合莫言对这篇小说的结构评价——"仿梦"分析小说的仿梦结构，并与李白的《梦游天姥吟留别》进行对比）

（2）分析小说的叙事逻辑。比较它与传统小说的不同。（教师引导学生寻找文中有悖事理的情节进行分析）

（3）分析小说的叙事语言，比较它与传统小说的不同。

（教师引导学生寻找文中不确定性语言的典型两三例进行分析）

　　三、教学目标（略）

　　四、教学过程（略）

　　（7）确定教学内容应充分整合教材资源，请对下面通过揣摩教材编写意图确定教学内容进行评析：

　　《晋灵公不君》（人教版高中《语文》选修二）教学内容的确定：

　　课文所在单元的主题是"春秋笔法"，该单元共分三部分：经典原文《晋灵公不君》、相关读物刘知几的《直书》和阅读指南。编者的意图很明显：通过《晋灵公不君》的教学让学生了解"春秋笔法"。那么编者心目中的"春秋笔法"是什么呢？从单元提示和阅读指南两部分来看，就是"按照一定的义例，通过特定称谓或在叙述时使用某些字眼，是非分明而又简约、含蓄地表明对历史人物与事件的道德评判，以达到证实和惩戒的目的"，其核心就是"秉笔直书、'不避强御''实录'精神"。所以下面的问题就是：《晋灵公不君》是如何体现春秋笔法的？这个问题似乎很容易理解，结尾一段说得很明白：董狐在史书上记载了"赵盾弑其君"，但是赵盾并没有弑君，而是被"不君"的晋灵公追杀而逃跑了，但董狐却认为"亡不越境，反不讨贼"是赵盾的罪状；所以尽管赵盾是"良大夫"，但仍然被史家写上了"弑君"之罪，这就是史家的春秋笔法。

　　但是教学肯定不能仅仅停留在这一结论上，也不能仅仅解读最后一段。那么还应该教什么呢？这里就有一个被忽视的问题，教材编者的意图应该还在于包括《晋灵公不君》在内的《左传》都是春秋笔法的呈现者，阅读指南部分明确指出：

"《左传》……在叙事中敢于直言不讳，往往以'礼也'、'非礼也'来评判人物和行为，表明了鲜明的政治和道德倾向。"单元说明则以钱穆的说法证实了这一点：我们要读古代的中国史，"应该拿这部《左传》作我们研究的基准"。这一评价说明了《左传》是"春秋笔法"的典范代表。所以《晋灵公不君》就有了双层意义：一是文本以董狐的秉笔直书和孔子的议论阐明了春秋笔法应该是史书传承的精神；另一方面，文本自身也应体现了春秋笔法。那么文本是如何体现春秋笔法的呢？

带着这样的思考阅读文本，就获得了更广阔的视野。文本主要讲了晋灵公和赵盾两个人物，从晋灵公的角度而言，作者并不避讳晋灵公君王的身份，而是用大量事实来表现晋灵公"不君"的特点，并且文本开头便说"晋灵公不君"，此为"春秋笔法"一也；从赵盾的角度来说，作者也不因为古代太史董狐记了"赵盾弑其君"就将赵盾贬抑一番，而是用具体史事来证实赵盾原本就是忠君之人，确实为古代的"良大夫"，而且对于前人的评论（如董狐、赵盾、孔子等的解说）全部实录，此为"春秋笔法"二也。由此可见，《晋灵公不君》的"春秋笔法"是本课必须完成的教学内容之一，而完成这一教学内容只需要完成两个更具体的教学内容：①晋灵公"不君"表现在哪些事情上？②赵盾作为"古之良大夫"表现在哪些事件上？理解了晋灵公的"不君"和赵盾是"古之良大夫"就明白了《左传》的实录精神。其实这两个教学内容实际就是把握人物形象，因此把握人物形象这一教学内容就这样派生出来了。分析到此，我们发现了一个更有趣的事：这两个教学内容实际就是单元后"思考讨论练习一"的内容。这说明一个事实：这一分析恰好是教材编撰者的意图，而"思考讨论练习二"（如何理解赵盾的"为法受恶"）恰是前一教学内容（理解包括董狐在内的史学家所表现出的"春秋笔法"）的直接表现形式。那么，是不是我们只依靠课后练习就行了呢？当然不是。只依赖课后练习，是一种盲从，而依据这样的分析实施的教学要变得自觉得多。事实上这篇文章的教学内容并不止于此，这更足以表明教师不能只依赖课后练习。

譬如，"春秋笔法"的核心固然是"秉笔直书、'不避强御''实录'精神"，但也还应该包含"用笔精细"这一特点，不然为什么"春秋笔法"又称为"微言大义"呢？其实阅读指南已经说明了："《春秋》用笔之精细，而《左传》也继承了这一叙述特点。"《春秋》"用笔精细"的特点是很明确的，就一"弑"字鲜明地表明了作者对人物的态度。那么《左传》呢？《左传》则用"不君"直接表明了作者对晋灵公的态度，用"将谏"、"骤谏"等表明了对赵盾的态度。而"用笔之精细"作为叙事艺术还应该包括塑造人物形象时对人物的详略处理，如在处理赵盾这个人物时，直接描写不多，多用侧面表现，达到了化繁为简的目的。所以"用笔精细"也应该成为我们教学的重要内容。

可见，"春秋笔法"这一教学内容派生出了两个更具体的教学内容：一是对人物形象的分析以及作者对人物的褒贬态度的理解；二是把握简约的叙事艺术。当然作为一篇文言文，尤其是先秦的文学著作，文本中典型的文言现象很多，这是我们教学时必须关注的。积累文言知识也是教学内容之一，这是文言文教学的出发点。况且，也只有理解了词语和句子的意义方能深入对"春秋笔法"的理解。

所以，教学此文主要是关注两个教学内容：积累文言知识和理解文本所体现的"春秋笔法"，或者理解为三个教学内容：理解人物形象以及作者对人物的褒贬态度；把握简约的叙事艺术；积累文言知识。

（冯永忠．教学内容的确定应重视教材编写意图 ［J］．语文建设，2009（5））

第四单元

语文综合性学习·教学策略制定技能训练

【训练导言】

教学策略制定技能，包括：设计教学程序的技能，确定教学思路和结构的技能，选择教学组织形式和教学方法的技能，有效组合教学媒体的技能等。

教学策略是指在不同的教学条件下，为达到不同的教学结果所采用的手段和谋略。这一环节是为了完成特定的教学目标而对教学顺序、教学程序、教学方法、教学组织形式、教学媒体等因素进行总体考虑，主要解决教师"如何教"和学生"如何学"的问题。教学策略是教学设计的最核心环节。制定教学策略是教师教学设计的第四大技能。

教学策略具有指示性和灵活性，教学策略指向具体的教学目标，不同的教学目标需要不同的教学策略。单一的教学策略不能适应所有的情况，有效的教学需要多种教学策略的综合应用。

教学策略具有很强的操作性，它是针对教学目标的每一个具体要求而制定的，具有与之相对应的方法、技术和实施程序。教学策略还具有整体综合性特点，它涉及教学活动的认知过程、教学活动的调控过程和教学方法的执行过程。教师在选择和制定教学策略时，必须对教学的全过程及其各要素加以综合考虑，在此基础上对教学进程和师生相互作用方式作全面周到的安排，并能在实施过程中及时地反馈、调整。

制定教学策略应着重思考下列问题：一是要突出学生的主体地位。教师要转变观念，变"指挥者"为"引导者"。要从学生的角度去设计教学过程，引导学生积极主动地参与到学习过程中，进行自主的学习活动。二是要面向全体学生，重视学生的个性差异。在班级授课制下，如何使班级中不同层次的学生都能通过课堂教学活动有所提高发展，最基本的一条准则，就是要面向全体学生，正视学生的个性差异，因材施教。

【案例评析】

案例一:《雨的四季》(人教版高中《语文读本》选修二)教学设计

一、教材分析

本课是一篇课外自读课文,它是写景抒情散文单元的拓展阅读篇目。写景抒情散文单元的鉴赏重点:在整体把握散文思想内容和艺术形式的基础上,品味散文的语言,赏析散文的表现手法。

二、教学设想

本文通过对雨的描绘,抒发了作者的情趣和对人生的态度。这种散文的学习,对激发学生的兴趣,调动学生的积极性和主动性,把学生引导到学习中,有至关重要的作用。本文教学从鉴赏语言和艺术手法入手,引导学生展开联想与想象。笔者尝试将同类型的三篇文章糅合在一起,使之成为一个整体;让学生对这个类型的知识有一个系统的掌握,对这类课文的分析能力有明显的提高。三篇文章分别是刘湛秋的《雨的四季》、余光中的《听听那冷雨》和梁遇春的《春雨》。

三、教学目标

(1)研读文章,感受文章画面美,搜寻作者赋"雨"的信息,体会作者用笔之细腻。学会鉴赏。

(2)品读美句,体会作者笔下赋"雨"的娴熟技能,品味本文诗化了的语言。学会联想与想象。

(3)阅读比较,借鉴作者从不同的角度抒发"雨"情。

领悟作者热爱自然、热爱生命的意趣。

（4）通过作者对四季的雨的不同性格的描绘，感受自然万物的美好，并明确生命的意义与价值。

（一）教学重点

感受画面，描述画面。分析四季的雨的不同特点，体会作者对雨寄托的思想情感，赏析本文的语言特色。

（二）教学难点

启发学生展开联想与想象，感受自然界的自然美、内在美，并用形象而生动的语言表达出来，提升学生文学鉴赏能力。

（三）教法与学法

根据学生的认知水平和《新课程标准》的要求，为了更好地调动学生的积极性，选择了以下教法与学法：

（1）自读法：将学生自读与教师点拨相结合，体会作者的思想感情。

（2）诵读法：配乐朗诵，将学生诵读与教师范读结合起来，注意朗诵的语气、节奏，通过诵读、赏析加深对文本的理解。

（3）探究法：调动学生积极性，引导学生展开联想与想象，对三篇文章进行对比分析，并提出问题，进行分析探究。

四、教具准备

多媒体设备及课件。

五、教学课时

1课时。

六、教学程序

（一）课前预习，读通、读懂、读透、读活课文。分别阅读本节（重点放在第一篇）三篇课文，注意语言特色，比较画面的层次描述。

（二）明确目标，导入新课，展示课件。配乐展示四季不同的雨景，让学生在轻松的氛围下感受雨的气息，提高学生赏析本文的兴趣。

（三）导入新课

导语：先请大家听一段音乐。（放《三月里的小雨》片段）今天，天气晴朗。在我们大西北的夏天，只有七八月份才能下几场小雨或中雨，如果偶尔下一场大雨，那真是一种奢侈啊！但是，我们可以通过本文的学习，领略一下南国四季的雨，它们是多么清新，多么缠绵，多么亲切呀！是的，在不同的四季，雨的色彩都是不一样的。那么，今天，就让我们通过学习刘湛秋先生《雨的四季》来感受不同季节的雨的性格特征吧！

（四）作者介绍

刘湛秋，当代诗人。1935 年 10 月生。安徽省芜湖市人。著有诗集《写在早春的信笺上》、《温暖的情思》、《生命的快乐》，曾被誉为"当代抒情诗之王"。

（五）整体感知，鉴赏文章

（1）配乐朗读课文，教师范读 2～5 段，要求学生在听的同时注意文章语气、节奏；并注意四季雨的不同特点，感受作者对雨的思想情感。

（2）学生自由朗读课文，注意语气、语调。（选择一个自己最喜欢的片段大声朗读，并简洁叙述为什么喜欢这个片段）

（3）找学生读课文。（可为学生配乐。在学生朗读中反复提示感情的处理。老师出示相应的语句，提示学生注意生字——找学生边读边注音）

①夏天的雨也有夏天的性格，热烈而又粗犷。

②忽然，在一个夜晚，窗玻璃上发出了响声，那是雨，是

使人静谧、使人怀想、使人动情的秋雨啊！

③你只会感到更高邈、深远。

④它经常变成美丽的雪花，飘然莅临人间。

⑤那种清冷是柔和的，没有北风那样咄咄逼人。

⑥而近处池畦里的油菜，经这冬雨一洗，甚至忘记了严冬。

（六）欣赏画面（读懂课文）

（1）导语：鉴赏散文的美可从三方面进行，即画面美、语言美、情趣美。先让我们欣赏一下雨中的画面。

（2）分小组讨论，分析四季的雨各有什么特点？寄托了作者怎样的思想情感？（学生齐读文中的佳句）

春雨：水珠子从花苞里滴下来，比少女的眼泪还娇媚。（美丽、娇媚）

夏雨：夏天的雨也有夏天的性格，热烈而又粗犷。（热烈、粗犷）

秋雨：雨，似乎也像出嫁生了孩子的母亲，显得端庄而又沉思了。（端庄、沉思）

冬雨：它既不倾盆瓢泼，又不绵绵如丝，或渐渐沥沥，它显出一种自然、平静。（自然、平静）

作者通过形象化的描写，写出了雨的亲切可爱，这实际上寄托了作者对雨的赞美与喜爱，表现了作者对生命与大自然的热爱。

（3）刚才大家读了自己最喜欢的语段。学生自读课文，找出体现四季的雨不同性格的词语。

（4）分小组讨论，分析四季的雨各有什么特点？作者对雨寄托了怎样的思想情感？（依据文意，言之有理即可，由学生归纳）

板书：

春雨：美丽、娇媚

夏雨：热烈而又粗犷

秋雨：端庄而又沉思

冬雨：自然、平静

作者通过形象化的描写，写出了雨的亲切可爱，这实际上寄托了作者对雨的赞美与喜爱，表现了作者对生命与大自然的热爱。

（5）宋代苏轼曾经称赞王维是"诗中有画，画中有诗"，同样，刘湛秋先生也用他自然美妙的笔调，饱含深情的笔墨，深刻独到的观察，为我们描述了四季的雨的不同画面。现在，请大家继续以小组为单位，从文中各找出一幅画面，相互之间多交流、讨论，展开联想与想象，并用自己的话描述你所体味到的四季的雨。

（此处可引导学生重点讨论春雨，但也可根据现场情况灵活操作，不给定答案。教师引导学生注意几个基本要素：课文原句、修辞方法、画面描述、艺术技巧等。学生可读、可写、可朗诵自己心目中的雨景，不拘一格。）

（七）延伸迁移

师生在充分欣赏了四季的雨不同的美景后，再来读读余光中的《听听那冷雨》与梁遇春的《春雨》，比较一下与刘湛秋先生《雨的四季》在艺术手法与感情的表达上有哪些异同？作为一个能这样细腻地体会身边雨的性格的人，作者该有怎样的一种胸怀？你所熟知的这样的作家还有哪些？

（此处答案灵活多变，强调发散性思维，学生可回答余光中的《听听那冷雨》、梁遇春的《春雨》等篇目，只要讲出共同点，言之成理即可）

（八）小结全文

今天我们在同一时间聆听到了四季的雨声，重点训练了发散性思维，展开联想与想象，亲身领略了散文的美。其实我觉得听雨有两种境界，一是雅趣盎然的赏心乐事，雨声具有一种乐感、美感；一是悲苦、惆怅莫名，雨声淅沥，益增愁思缕半语。有人说，"每个人不一定要成为诗人，但每个人可以诗意地活着"，但我要说：没有一颗鲜活灵动的心，没有对自然、对生命的热爱，是无法进入诗意的境界的，让我们走进大自然，拥抱大自然，用心观察自然，你会发现这个世界真的很美，生命很有意义，很有价值。

（九）作业布置

根据本文学习的细节描绘的方法，展开联想与想象，描写一幅你想象的本地区绵绵秋雨的情景，不少于 400 字。

（宁夏 姚建清）

评析：

这个教学设计的最大特点，就是从鉴赏语言和艺术手法入手，引导学生展开联想与想象，将同类型的三篇文章糅合在一起，使之成为一个整体，让学生对这个类型的知识有一个系统的掌握，对此类课文的分析能力有明显提高。

这个教学设计最大限度地发掘文本的人文价值，体现了"以生为本"和"以学定教"的理念。无论是教学内容的处理、教学方法的选择，还是教学组织形式的采用，都最大限度地靠近了学生的最近发展区和满足了学习需求。这有助于学生学习兴趣的调动和学习方法的获得，有利于"知识和能力"、"过程和方法"、"情感态度与价值观"三维目标的整合。

设计者在选择和制定教学策略时，对教学的全过程及其各要素诸如教学方法、教学步骤、教学媒体、教学组织形式等作了综合考虑。尤其是选择灵活多变的教学方法，结合形象多彩的多媒体课件，运用优美而贴合文字的图片，让学生在搜寻信息的同时获得审美愉悦。结束时，教师善意点出学生作文中的毛病；对比名家散文，指导学生要写出好文字必须细心观察，用心写作之外还要加上真情流露。将各种手段措施进行优化组合、合理构建，形成了充满动感却宁静和谐的教学意境。设计者在此基础上对教学进程和师生相互作用方式作了全面周到的安排，并能在实施过程中及时反馈、调整。

案例二：《雨巷》（人教版高中《语文》必修一）教学程序

一、教师激趣

现代文学时期，我们浙江大地上开满了文学的鲜花。徐志摩，这位才子诗人，已经向我们描述了他心中的康桥美景。今天，一位叫戴望舒的诗人，又将用浪漫的笔调、迷离的情怀，向我们描述他的雨巷故事。现在，就让我们跟着诗人，走进《雨巷》，走近美丽的丁香姑娘。

二、自读两遍，说说原初体验

导语：请各位放开声音，自由诵读。

（学生自由诵读后）请再读一遍，然后说说自己的原初体验。先在备用纸上写一写。

（学生写完后）读一篇作品，会受到情绪上的感染和精神上的影响，现在，请用一句话，说说你的体验与感受。

三、尝试性美读，揣摩朗读技巧

导语：学习诗歌的重要途径是"美读"，读出情感美，读出节奏美。两者兼有，就能读出诗歌的韵味美。各位先尝试一下，揣摩揣摩朗读技巧，尽可能读出美来。

（每人读后）下面请两三位同学示范一下，营造一下课堂的氛围，将作者的文字美转化为语言美。

四、听录音范读

导语：尝试过以后，我们再来听听专业播音员声情并茂的朗读。他是用心来读的，我们也要用心来听。

五、再读，确定学习目标

导语：请每人自读一遍，边读边想：本文最值得你学习的是什么？老师不统一指定学习主题（即学习目标，这样表述比较接近学生，笔者注），请每人自己确定一个或两个。学习主题可以是内容方面的，比如情感、主题等；也可以是形式方面的，比如语言、构思等。

（学生确定后）现在请交流一下学习主题。先在小组内交流，然后每组派代表向全班介绍。

六、研读欣赏

导语：下面请你以研究的方式，欣赏的眼光，去感悟，去发现。请大家记住三句话：用自己的心灵去感悟，用自己的观点去判断，用自己的思维去创新。并提一个要求：边读边写，将自己随时出现的灵感捕捉下来，欣赏的同时训练自己的书面表达能力。

七、交流

导语：现在交流一下各自的研读成果。先在六人小组内进行。每人依次介绍过来，单独介绍的时间不能少于一分钟。其他同学要以欣赏、宽容的态度认真倾听，学会分享，学会沟通。

八、提问讨论

导语：在研读欣赏的过程中，大家肯定会有一些疑问。现在请每人提出一个问题,在小组内交流。如果小组不能解决,就提交班级讨论。

九、教师提问与介绍

1. 提问

我在阅读过程中,也有一些问题,提出来向各位请教。(主要用意是继续深化学生的阅读理解)

(1) 作者笔下的丁香姑娘指代什么?

(2) 作者为什么用"丁香姑娘",而不用"玫瑰姑娘"、"茶花姑娘"?

(3) 似断实连的分节跨行,有什么效果?

2. 介绍诗人及写作背景

十、美读

导语:现在,请每位同学放开声音,自由诵读。要努力读出语言美,读出情感美,读出自己的享受和陶醉。

十一、反思

导语:课文的研究欣赏接近尾声了,现在请你与同学、老师、专家的阅读欣赏作一个比较反思,看看自己有什么优点与不足,并列出一条马上能调整的对策。

十二、比较阅读

导语:研读欣赏了《雨巷》,老师再提供一首古诗,请大家作比较阅读,说说两者的异同。

蒹葭 《诗经》

蒹葭苍苍,白露为霜。所谓伊人,在水一方。溯洄从之,道阻且长。溯游从之,宛在水中央。/蒹葭萋萋,白露未晞。所谓伊人,在水之湄。溯洄从之,道阻且跻。溯游从之,宛在水中坻。/蒹葭采采,白露未已。所谓伊人,在水之涘。溯洄从之,道阻且右。溯游从之,宛在水中沚。

十三、结束语

导语：现在就要下课了，请每人为这次学习写一个结束语。

（郑逸农．走进雨巷　体验意境——《雨巷》"非指示性"完型教案［J］．中学语文教学，2004（12））

评析：

《雨巷》是中国现代新诗的经典之作。郑逸农老师基本按照阅读教学的常规形式进行教学过程设计，既注重落实言语技能训练，又注重文学鉴赏，即在辨别、体悟、积累的过程中实现教学工具性和人文性的统一，建构高效的语文教学过程。其特点有：①激发教学主体的主动参与。在教师的引导下，学生能够自主、有效地参与解读文本，有利于培养学生听、说、读、写的能力，从而达到提高表达能力和鉴赏能力的效果。②注重文本意义的生成发展。在互动对话中，学生阅读文本，根据自己视野建构文本意义，然后交流，思想碰撞，自己的思维拓展了，文本内涵在对话中也得以丰富。③弱化了教师的主导作用。教学成了完全生成的过程，它既充分发挥了学生学习的主体地位，又弱化了教师的主导作用。有效语文教学应是精心预设与自主生成的统一。作为教师，一方面要鼓励学生珍视自己的独特体验与感悟，另一方面也要合理预设教学方案，保证教学活动有计划有顺序进行，引导他们在对话、讨论中反省思考，不断完善和提升自我。

案例三：《卖油翁》（人教版初中《语文》七年级下）教学思路和结构

一、导入，初读课文。（约6分钟）

（1）介绍作者：欧阳修（1007—1072年），字永叔，谥号文忠，北宋吉州永丰（现在江西省永丰县）人，著名文学家。

（2）学生读课文，老师检查预习情况。解决字音的认读与字义的理解问题。

二、第一个教学板块：读课文，说译文。（约10分钟）

（1）学生再读课文，要求读得顺畅。

（2）学生自读自译。

（3）男生读课文，女生说译文。

（4）女生读课文，男生说译文。

（5）老师读课文，学生说译文。

（6）学生再读课文。

三、第二个教学板块：读课文，析文句。（约10分钟）

（1）学生再读课文，要求读出语调的轻重。

（2）教师以句子为单位，以理解句子的表达作用为重点，要求学生发言。

教师示范："陈康肃公尧咨善射，当世无双，公亦以此自矜。"文章开篇就用这句话写人物，写了人物的特有技能以及他对自己的欣赏。

学生们发言，老师点拨。如：

"尝射于家圃，有卖油翁释担而立，睨之，久而不去。"这句话有两层，写了陈尧咨的一次活动，由此引出一个更重要的人物卖油翁，作者一下子就把他的神情显现在我们的面前。

"见其发矢十中八九，但微颔之。"这句话写卖油翁看射箭的态度，这种态度表示他对陈尧咨射技并不是十分地肯定，这就给故事的发生、发展设置了悬念。

四、第三个教学板块：读课文，品字词。（约10分钟）

（1）学生再读课文，要求读出情景。

（2）请同学们用"……用得好……写出了……"这个句式谈谈对字词的品味。如：

"善射"用得好，写出了陈尧咨的特长；"自矜"用得好，画出了陈尧咨的神态。

"睨"和"微颔"用得好，写出了卖油翁不以为奇的心理和神情。

"忿然"用得好，写出了陈尧咨的恼怒；"笑而遣之"用得好，写出了陈尧咨的折服。

卖油翁的"无他，但手熟尔"、"我亦无他，惟手熟尔"用得好——它们反复出现，借卖油翁之口点出了事物的真谛，也表现了卖油翁的谦逊与朴实。

五、第四个教学板块：读课文，说感受。（约8分钟）

（1）学生再读课文，要求读出情感。

（2）学生就"感受"进行发言准备。

（3）学生发言，老师评点。

（湖北荆州教研室　余映潮）

评析：

这个设计的特点是双线结构，内容精细。"读"与"说"两个"板块系列"中的小板块彼此依存、交叉、交替、连缀，教学的过程显得严整而又细腻，表现出一定的结构之美和造型之美。由于需要"读"与"说"，便充分而科学地保证了学生的学习时间与空间，使他们在课中有充分的活动与丰富的积累，有创造的条件与成功的希望。由于小板块的细致划分且学习要求与角度的变化，学生能够读得起来，也能够说得起来，整个教程同样是"一步一步地向前走"、"一块一块地来落实"，为实现共同的教学目标而努力。

案例四：《虞美人》（人教版高中《语文》选修）教学设计

一、教学目标

（1）感悟《虞美人》的思想内容。

（2）体会情感并学习词人化抽象为形象的表达技巧。

二、教学重点

品味李煜诗词中所蕴涵的真挚情感。

三、教学设想

（1）多媒体教学，创设情境，增加课堂教学容量。

（2）采用自主合作探究的学习方式，让学生真正参与课堂，激发学生学习诗词的兴趣；反复诵读，深入体会词情并当堂成诵。

3. 一课时完成。

四、教学步骤

（一）情境导入

上课之前，请杨迎同学为我们讲述一个悲惨凄婉的故事。（配乐：《昭君出塞》）他就是南唐后主李煜，一个有着双重身份的人物，既是一个昏庸无能的君主，又是一个多愁善感的词人。后人评价他"作个词人真绝代，可怜薄命为君王"，因而我们这样称呼他——薄命君王、绝代词人。作为一个词人，李煜给我们留下了许多惊天地、泣鬼神的词作，《虞美人》就是其中之一。今天就让我们一起走进这位南唐后主的内心世界。

（二）诵读感悟

（1）请两位同学分别朗读，比较评价。

（2）老师范读，并作诵读指导。

①把握节奏："语气可于四字做逗，或上二下七，但终以一气呵成为佳。"

②找出韵脚：了、少、风、中、在、改、愁、流。

③重读能表现词人内心痛苦的词语。如：何时、多少、又、不堪、应、只是、几多。

④把握低沉凄迷的感情基调。

（3）配乐朗读（配乐：《二泉映月》）

（4）齐声背读。

（三）整体感知

（1）问：这到底是一首什么样的词？这些词写了什么内容？用一句话来概括。

明确：表现一个亡国之君对故国的深切思恋和无限愁恨。

（2）从哪些地方最能看出词人的故国之思？

明确：

①"小楼昨夜又东风"、"恰似一江春水向东流"。（东风自故国吹来，春水向故乡流去）

②"往事知多少"。（锦衣玉食的生活，后宫如云的佳丽，尊严、自由、生存的安全感）

③"故国不堪回首月明中"、"春花秋月何时了"。（列举写月的诗词，领悟月的意象，"思乡怀人"的沉淀意义）

（四）精读细品

（1）一首词要读出意味，必须把握全诗的情感核心。这首词哪个字可概括情感呢？（学生回答：愁）

（2）李煜的愁有哪些呢？（学生讨论并回答，教师小结板

书：往事之叹、亡国之恨、离家之痛、思家之苦)

（3）这层层叠叠、铺天盖地的"愁"接踵而至，词人在文中是如何表现出来的？（学生回答，教师小结）

明确：

①用春花秋月表现忧愁（以乐景衬哀情）；

②今昔对比表达物是人非的感慨；

③以发问加重愁情；

④用比喻使抽象的愁形象化。这一点影响了后代许多文人。如："只恐双溪蚱蜢舟，载不动，许多愁。"（愁有了重量）"遍人间烦恼添胸臆，量这些大小的车儿如何载得起？"（愁有了体积）"休问离愁轻重，向着马背儿驮也驮不动。"（将愁移到了马背上）

（五）拓展迁移

在李煜的创作中，浸染着这种泣血之愁的词作还有很多，就下面这几首词，找出你欣赏的句子，并说说喜欢的原因。

《相见欢》：无言独上西楼，月如钩。寂寞梧桐深院锁清秋。剪不断，理还乱，是离愁。别是一番滋味在心头。

《乌夜啼》：林花谢了春红，太匆匆，无奈朝来寒雨晚来风。胭脂泪，留人醉，几时重？自是人生长恨水长东！

《望江南》：多少恨，昨夜梦魂中。还似旧时游上苑，车如流水马如龙，花月正春风！

《浪淘沙》：帘外雨潺潺，春意阑珊，罗衾不耐五更寒。梦里不知身是客，一晌贪欢。独自莫凭栏！无限江山，别时容易见时难。流水落花春去也，天上人间。

王国维说李煜的词是"赤子之心"的"天真之词"。的确，我们感觉到了他在词中倾注的真挚感情，一个处在刀俎之中的亡国之君竟能如此大胆地抒发亡国之恨，史所罕见。这个特色在《虞美人》一词中表现得最为突出，以致使他付出了生命的代价。

（六）探究性练习

讲述《虞美人》词牌的由来（学生配合表演）。

比较一下，同是末路之人写的绝笔之词，项羽的《垓下歌》与《虞美人》有什么不同？请结合项羽和李煜的经历及性格特点，写一段两三百字的评论性文章。

（安徽桐城二中　朱仲莉）

评析：

案例不仅充分体现了语文新课程改革的理念和精神，也从教学方法上为语文教学方法的优化提供了可贵的范例。它具有以下几个特点：①教学方法灵活多样，组合巧妙。设计者通过对多种教学方法进行科学选择和巧妙组合，使教学内容安排井井有条、重点突出，教学目标也得以很好地实现。②注重教法的运用和学法指导的相互结合。如在诵读感悟的环节上，教师首先是让学生读，在对学生进行了评价的基础上再范读、指导诵读技巧，这样教学使学生对诵读方法记忆深刻。③既注重了传统教学方法的继承和发展，又立足于新课改的现实背景进行了创新设计，设计中运用了传统语文教学方法中的诵读法、谈话法、讨论法、讲述法、点评法等，又运用了现代语文教学法，如情境教学法、欣赏法、探究法。更重要的是，设计者在充分理解语文新课改精神的基础上进行了创新设计，如开头情境导入以学生讲故事来代替教师介绍背景和作者情况，最后以学生参与表演的方式引出值得思考的作业，并布置了探究性作业。

案例五：《黄鹂》（人教版高中《语文》必修三）教学设计

一、课前准备

伴着轻松、欢快的音乐，多媒体展示风光秀丽的春景图画。学生兴奋而活跃。

二、教学过程

（一）创设情境，导入新课

多媒体展示黄鹂的画面，教师则由鸟语花香的春天，引导学生思考有关黄鹂的诗句。学生纷纷抢先回答，多媒体展示诗配画，学生兴味盎然。

（二）研习课文，引导学生自主学习

（1）快速阅读课文，整体感知，筛选主要信息。

教师要求学生快速阅读课文并思考：作者几次见到黄鹂？分别在什么时间、什么地点？学生速读课文，教师巡视。约1分钟，学生纷纷举手。学生回答准确。学生阅读的积极性被调动起来。

（2）细读课文，概括、整理、组合主要信息，把握作者情感。

教师提问：细读课文，找出每次黄鹂所处的环境特点，黄鹂的特点和活动以及作者对其所持态度。多媒体展示相应表格。教师稍作提示后，学生默读课文，勾画相关内容，教师巡视。约4分钟后，学生跃跃欲试。随后，学生自由发言，共同合作，完成以下内容。多媒体展示：

次数　环境特点　黄鹂特点或活动　作者态度

①密密的树枝树叶

不断的炮火洗礼　尖利的啼叫　迅若流星　金黄的羽毛美丽极了　遗憾

②林木深密幽静

老史试枪法　互相追逐　互相逗闹　惊弓之鸟　一去不返　高兴　惋惜

③系在一根木棍上

悬空吊着被拉上来焦黄的羽毛　凄惨的神气　怜爱　同情

④湖光山色　密柳长堤

茂林修竹　桑田苇泊全部的美丽　伴着春雨宿露啼叫　伴着朝霞彩虹飞翔　极度喜爱

（3）精读课文，分析隐含信息，把握主旨。

教师提问：作者描写黄鹂，只是表达对它的同情或喜爱吗？目的是什么？学生有些困惑，沉闷不语。

教师进一步引导：如果将黄鹂所处的环境分类，如何划分？学生又活跃起来，议论纷纷。很快，学生自己便水到渠成地归纳出文章的主旨。

阅读结束后，在轻柔、活泼的乐曲中，大屏幕展现优美的江南风光：茂林、湖泊、青草、鲜花，可爱的黄鹂在欢快地啼叫、自由地飞翔。教师朗诵"这里的湖光山色……安居乐业的所在"，学生陶醉其中。

（三）拓展延伸，发展学生创造性思维

多媒体展示问题：文章以黄鹂为象征主体，昭示人们应给予美的事物以适宜的环境。请联系实际，谈谈对作品哲理的理解。

学生思考并热烈讨论，教师也积极参与其中，课堂气氛活跃。约4分钟后，学生开始踊跃发言。由古人成才的故事到如今国家对人才的重视，由"文化大革命"到现今的改革开放、西部大开发政策，又由我国的发展谈到伊拉克战争，由日军在我国东北地区遗留的毒气弹谈到了海湾综合征、广岛核遗留……课堂上，不时有精彩的发言，掌声不断，尤其是马丽娜演唱的《美丽的草原我的家》，曾庆东关于环境问题的表述，赵明明关于迁安发展的概述，张红亮、梁红玉有关伊拉克问题的发言等，给课堂增添了许多亮点。

　　距离下课还有5分钟左右，学生意犹未尽。教师示意学生结束发言。此时，多媒体播放伊拉克战争及战后的影音画面，学生表情严肃，沉浸其中。教师稍作引导后，多媒体又展示一组宁波、上海浦东和平生活的镜头：优美的环境、繁荣的经济、幸福的生活、灿烂的笑容。学生重现轻松、愉悦的神情。

　　（四）归纳总结（略）

　　（五）布置作业（略）

评析：

《黄鹂》是一篇哲理美文。设计者围绕阅读、写作两大任务组织教学，通过分层阅读，领悟文章哲理，并通过延伸拓展（实质是一次口头话题作文）探究更为广博的社会、人生。培养学生自主学习习惯、合作意识、创新精神。同时，充分利用现代教学手段，在多媒体技术与语文学科的整合中做到声画同步、视听一体，实现"美文美教"。教学媒体的巧妙选择是一大特点，案例制作了切合教学实际的多媒体课件，将声音、画面、文字、图像等有机地、艺术地融为一体，体现了语文阅读教学与多媒体技术的整合。

（河北省迁安市第一中学　张爱芹）

总评：

案例一，在选择和制定教学策略时，对教学的全过程及其各要素诸如教学方法、教学步骤、教学媒体、教学组织形式等方面作了综合考虑。其特点是将同类型的三篇文章糅合在一起，使之成为一个整体，让学生对这个类型的知识有一个系统的掌握，对此类型的课文分析能力有了明显提高。这个教学设计最大限度地发掘文本的人文价值，体现了"以生为本"、"以学定教"的理念。案例二，意在建构高效的语文教学过程。其特点是：善于激发教学主体的主动参与，注重文本意义的生成发展。案例三，最大的特点是双线结构，内容精细。"读"与"说"两个"板块系列"中的小板块彼此依存、交叉、交替、连缀，教学的过程显得严整而又细腻，表现出一定的结构之美和造型之美。案例四，教学方法灵活多样，组合巧妙，注重教法运用和学法指导的相互结合，既注重了传统教学方法的继承和发展，又立足于新课改的现实背景进行了创新设计。案例五，围绕阅读、写作两大任务组织教学，通过分层阅读，领悟文章哲理，并通过延伸拓展（实质是一次口头话题作文）探究更为广博的社会、人生，培养学生自主学习习惯、合作意识、创新精神。同时，教学媒体的巧妙选择是一大特点，案例制作了切合教学实际的多媒体课件，将声音、画面、文字、图像等有机地、艺术地融为一体，体现了语文阅读教学与多媒体技术的整合。

思考题：

1. 教学策略是为完成特定的教学目标所采用的手段和谋略。它不是单一的教学策略，它是由哪些要素构成的？其综合性和操作性对制定教学策略提出了哪些具体要求？

2. 单元设计与一篇课文设计的程序大体相似，但着眼点不同。单元设计与课文设计二者最大的不同是什么？如何科学地设计单元教学程序和有效地设计课文教学程序？

3. 教学思路要遵循教学内容的逻辑联系，灵活设计。常见的教学思路有哪些？教学思路与教学环节有何区别？为什么说理清了教学思路就要合理划分教学环节？

4. 选取什么样的教学组织形式，是与教学思路和结构布局紧密联系在一起的。如何将集体教学、小组教学和个人教学等多种组织形式有机地结合？

5. 教学方法和媒体是实现教学策略的重要手段，如何根据文体特征、学生实际和教师特点选择和组合教学方法及有效组合教学媒体？

【技能训练】

一、教学策略制定技能训练目标与任务

（1）掌握教学过程设计的基本程序和类型。

（2）能够灵活设计教学思路，正确划分教学环节。

（3）合理选用教学方法，制定选用教学方法策略。

（4）熟练运用教学媒体的基本程序实施多种媒体组合。

二、教学策略制定技能训练要求

（一）明确教学设计程序

（1）依据课程标准，制定学段目标体系，解构学段目标，落实单元目标。

（2）解读文本，研读教材，分析学情，制定课文教学目标，确定教学内容。

（3）根据学生实际和学习需求，考虑教学思路和结构，选用教学方法和媒体。

（4）根据文本体式、教学目标、教学内容，划定课时，设计教学环节。

（二）熟悉基本程序类型

1. 单元教学程序

单元设计与一篇课文设计的流程大体相似，但着眼点不

同。它是将整个单元的几篇课文整合在一起，服从于一个主题，并赋予每篇课文不同的职责。因此，在进行单篇课文设计之前，单元设计不可或缺。

2. 课文教学程序

（1）教材分析。

文本在单元教学中的地位及作用，文本的重点与难点，文本的主要特色等。

（2）学情分析。

学生与文本相关的知识储备情况，学生对文本的认知、接受能力及情感体验等。

（3）教学目标。

依据课程标准，结合学习内容，制定科学、恰当的学习目标。

（4）教学重点。

可以是教学重点，教学难点也可放在此处。

（5）教学策略。

基于以上内容，确定科学的教学方法，并选用恰当的教学辅助手段（如多媒体）。

（6）教学课时。

根据教学内容合理分配教学时间。

（7）教学环节。

教与学，尤其是学的过程性安排。该部分是教学设计的主体，在具体流程上不做统一的格式要求，也不对过程的具体设置进行规范性要求，语文学科应根据学习内容进行创造性的安排，力求创新，有特色。

（8）板书设计。

板书设计是教学内容的概括性、形象性、艺术性、创造性的体现与展示。作为传统备课的项目，板书设计有提纲挈领、画龙点睛的作用，深受教师与学生的欢迎，故应精心设计。

（9）教学设计评价。

教学设计评价，即对教学设计进行检测与修改，应体现发展性、过程性、多元性、主体性的统一。

3. 作文教学程序

（1）创设情境。

目的：激发学生作文情绪和写作冲动。

方式：情境作文，课文激发，材料激发，文题贴近学生生活。

（2）构思指导。

内容：指导学生想清楚写什么，为什么写，怎么写。

方式：列提纲，在全班讲述自己的构思，在全班进行构思交流。

（3）动笔写作。

思路：根据构思行文，写想清楚了的内容，按想清楚的思路写。

（4）修改指导。

方式：专题修改（文字、选材、布局、主题的修改；诵读改，边读边改）。

作文教学应给学生较多的选择余地，活动内容和方式通常可以自主确定。这就需要教师把封闭的课堂变为开放的课堂，放飞学生的梦想，用学生的生花妙笔，去描绘、表达独特的思想和感受。

（三）灵活设计教学思路

教学思路要遵循教学内容的逻辑联系，灵活设计。教学思路的方式大致有：先分后总；先总后分；一脉相承；主线串珠；镶嵌插入；移步换形；"面中取点"；由此及彼；烘云托月；相反相成；悬念结解；多方集中等。

（四）合理划分教学环节

教学过程中每一个步骤称作一个环节。理清了教学思路就要合理划分教学环节。所谓合理，就是尊重教学过程的自然分段。教学环节的划分不能太少，也不能太多，太少了思路就不清晰，太多了显得繁杂累赘。

划分好了教学环节，还要给每一个环节取一个好的名字。取名字一般是高度归纳一个环节的做法。环节名字不能太长，要讲究精练。如果具有模式性的教学结构，其环节的名称更要高度归纳。

（五）选择教学组织形式

教学组织形式的选择。教学组织形式通常是指教学活动中师生相互作用的结构形式。一般而言，教学组织多以组织学生的方式为基点，分为三种基本形式：集体教学、分组教学、个别辅导。教师可根据不同的教学内容、学生的实际情况及学校的教学条件来选择不同的教学组织形式。

结合教学实际选择不同的教学组织形式。集体教学、分组教学和个别辅导在语文教学中各有作用。集体教学强调思考的程序性；分组教学重视思考的多样性和丰富性；个别辅导则侧重思考的个性发展。因此，要根据教学目标、教学内容、学生实际、教学条件来选择不同的教学组织形式。

（六）选择教学方法

1. 明确选择教学方法的依据

选择教学方法是实现有效教学设计和实施的重要条件。因此，教师在了解各种教学方法的类型和性能的基础上，还要明确选择教学方法的依据，掌握选择和运用教学方法的原则和策略。

（1）切合教学目标。

每一节课都有具体的教学目标，目标不同，就需要选择不同的教学方法。如要让学生掌握新知识，常常选用讲解法；要使学生掌握技能技巧，就要采用练习法；要提高学生的表达能力，就要采用谈话法或讨论法。

（2）切合教学内容。

在教学方法与诸多教学因素的依存关系中，教学内容起着基本的、决定性的作用。因为方法是内容的运用形式，教学内容决定着运用形式，即决定着教学方法。

（3）切合学生实际。

学生是课堂教学的主体，教学方法一定要适应学生的基础条件和个性特征。对于学生缺乏感性认识的内容，就要尽量采用直观演示的教学方法；对于学生缺乏理性认识的内容，就要尽量采用点拨诱导的教学方法。

（4）切合教师自身条件。

任何教学方法都必须通过教师的具体教学来实施。教师的素质结构，包括知识结构、能力结构、心理结构、品德结构等，都与教学方法的选择有关。有的教师善于讲，就会多用讲授法；有的教师善于问，会多用谈话法；有的教师善于读，就会多用诵读法。

（5）考虑教学组织形式、时间、设备条件。

有些教学方法适合个别教学，有些教学方法适合小组或班级教学；教学时间不充足的时候一般多采用讲授法，而不用发现法；同样，教学设备和教学条件也制约着教学方法的选择。

（6）切合教学方法的类型特点与功能。

每种教学方法都有其自身突出的特点与功能，教师应该认清各种教学方法的优缺点，把握其适应性和局限性，或有所侧重地使用，或进行优化组合，不能盲目地生搬硬套。

2. 制定选择教学方法的策略

每个教师都渴望有一种既省力又高效，适于任何情况的教学方法，这其实是不可能的。因为教学是一种复杂多变的系统工程，不可能有一种固定不变的万能方法。一种好的教学方法总是相对而言的，它总是因课程、学生、教师的特点和条件的不同而相应变化的。适合就是好方法。教师应根据实际情况进行教学方法的有效选择。

（1）面向教材实际，因"课"选法。

方法是形式，形式是为内容服务的。教学方法不能脱离教材来选择，只有抓住了教学内容特点，才能更好地发挥其作用。因"课"选法就是研究教材的内容和特点，从而选择合适的教学方法。课文内容不同，应采取的教学方法也不同。

（2）要面向学生实际，因"生"选法。

学生是千差万别的。从一所学校内部说有年级高低之分，有学生成绩好坏之分，从智力水平上看有个别差异；从学校外部说，有城乡差别、校风差别、班风差别。这就需要教师针对不同的教学对象，而采取不同的教学方法。

（3）面向教师实际，因"师"选法。

每个教师都有不同的教学经历、知识结构、教学能力和性格特点。如有的擅长演说，有的擅写、擅画，有的喜唱、乐舞，有的则擅长表演，将其特长运用到教学中来就会形成自己的教学个性。因此在选择教学方法时，就要选择那些能够或容易发挥自己特长、施展自己才华的教学方法进行教学。也就是说，教师本身的功力不同，就应选择不同的教法。

（七）选用教学媒体

教学媒体的选择既是教学设计的一个重要环节，也是教学策略的一个重要组成部分，更是一项复杂的工作。教学媒体的选择受很多因素的影响，既有来自教学目标、教学活动、教学内容和教学方法选择方面的影响，又有来自学习者的特征、教师态度、技能方面的影响；既要考虑教学媒体在教学单位的可用性方面的因素，还要考虑所选媒体的效益问题。所以，媒体的选择是在综合考虑众多影响因素的基础上作出的谨慎选择。

1. 选用教学媒体的过程

教学媒体的选择过程一般可以分为两个阶段：一是根据教学设计的整体规划作出教学媒体的初步选择；二是在前一阶段的基础上，综合考虑选用教学媒体的影响因素，作出教学媒体的最佳选择。

（1）教学媒体的初步选择。

教师首先尽可能列出一些教学媒体，然后根据教学设计的整体规划逐一追问这些教学媒体"是否能够满足教学需要"，作出教学媒体的初步选择。

（2）教学媒体的最佳选择。

从理论上讲，教师初步选择的教学媒体通常都是适用的。但是，纯粹依据教学目标、课程内容、教学对象等因素来选择教学媒体的情形是很少的，教师不得不考虑一些其他因素，如获得教学媒体的可能性、制作教学软件的成本、准备教学媒体的时间、操控教学媒体所需的技能、使用教学媒体的便利性、学生对教学媒体的偏爱程度等。因此，教师还需要与教育技术专业人员一起，综合考虑各种实际因素，从初步选择的教学媒体中找出最适合完成教学任务的教学媒体。

2. 多种媒体有效组合

多种媒体组合教学是指在课堂教学中，根据教学内容和教学目标的需要以及各种媒体（包括传统的和现代的）的特性、功能，选择适当的媒体，各展其长、互为补充、相辅相成有机结合，构成教学信息传输及反馈调节的优化教学媒体群，共同参与课堂教学的全过程，达到教学过程的优化效果。在课堂教学过程中，教学目标的实现，一般都是通过多种教学媒体来完成的。因此在选择了适当的媒体类型之后，就要进行多种媒体的组合工作，努力实现多种媒体组合的优化。

（1）投影与幻灯的组合。

投影以显示文字、简表、数字、简图见长，它是教师进行提纲引导、讲授的主要媒体；幻灯用以显示彩色逼真的图片，可大大增强教学的形象和感染力。这二者相结合，能取得相互补充、相得益彰的效果。录像与投影相结合，在播放录像前先利用投影作简单的重点、难点提示或提出几个问题，可达到引导的作用，提高教学效果；在录像播放后再用投影显示讨论题，可以活跃课堂气氛，提高认知水平。

（2）黑板与录像相结合。

在播放录像的过程中，授课者可以随时暂停，将有关的知识点记录在黑板上，起到突出强调的作用，让学生思路明确，领悟到教师的想法，产生共鸣。

（3）计算机和大屏幕投影仪的结合。

计算机上图文声像并茂的多媒体课件，内容丰富的多媒体教材，通过投影仪直接投影在大屏幕上，让学生们一目了然，在高效的视听感受中完成学习任务。

（4）多媒体计算机与黑板的结合。

利用计算机播放的多媒体课件是课前制作好的，按着事先编好的程序流程一直播放下去，其间授课者如果要对课件中的一些知识要点进行补充，或者即兴产生一些好的想法、观点需要教授给学生，就需要运用到黑板这一传统媒体了，将这些要点在黑板上书写下来并且强调指出，能够使学生概念清晰，正确把握重难点。

三、教学策略制定技能训练方式与材料

（一）教学策略制定技能单项训练

（1）请按照单元教学设计程序的要求，为人教版初中七年级《语文》下册第五单元设计单元教学过程。

（2）请按照课文教学设计程序的要求，为《敬畏生命》（人教版初中《语文》八年级下）设计课文教学过程。

（3）请按照作文教学的程序要求，以《宇宙里有些什么》（浙教版初中《语文》八年级上）为例，设计说明文作文教学过程。

（4）请按照学生的认知水平、兴趣需要、学习风格和情感体验等实际，为《葡萄沟》（人教版小学《语文》二年级下）选用恰当的教学方法。

（5）请按照多种媒体有效组合的要求，为《错误》（人教版高中《语文》必修一）制订多种媒体组合方案。

（二）教学策略制定技能专项训练

（1）"线索式思路"，或叫"一线串珠"教学思路，即在一节课或一篇课文的教学过程中，大部分教学内容、教学时间都被一根教学线索贯串着，表现出单篇课文整体阅读教学的特

点。请为《祝福》（人教版高中《语文》必修三）设计线索式教学思路，合理划分教学环节。

（2）梭罗的《瓦尔登湖》（人教版高中《语文》必修二）是一篇优美而且风格独特的散文，请以你所在学校学生的实际为前提，为它制定教学策略。

（3）请针对《江南的冬景》（苏教版高中《语文》必修一）提供的教学内容制定教学策略。

教学内容概括如下：

①多媒体展示五幅江南山水画：曝背谈天图、午后冬郊图、微微寒村图、江南雪景图、旱冬闲步图，引导学生讨论、品味文章的笔法和语言细节。

②通过拓展阅读《济南的冬天》和郁达夫《故都的秋》，揣摩作者虚实结合的写法。

③多媒体展示作者简介，进一步揭示郁达夫的散文理念和美学风格。

（三）教学策略制定综合技能训练

（1）下面是针对《雨霖铃》（人教版高中《语文》必修四）教学目标制定的教学策略，请加以评析：

（一）教学目标

（1）在朗读中品味《雨霖铃》的思想感情和意境。

（2）对照辨别作品不同的演绎方式（读与唱），激发提升学生的审美感知能力。

（3）分析意境，提高鉴赏能力。

（二）教学策略

（1）目标达成：体验《雨霖铃》情感的层次变化。

（2）教学策略：通过现代（邓丽君和包圣美的演唱）的演绎使学生首先产生一种感官刺激，但是又明显地让学生感到这种演绎和《雨霖铃》文本的强烈差异，由这种差异产生一种延宕的回味思考，然后再用适当的诵读方式让学生产生审美感知，由审美感知上升到审美鉴赏，从而以听和读的两种方式理解《雨霖铃》。

（2）请按照教学策略制定的综合要求，对下面《背影》（人教版初中《语文》八年级上）教学过程设计进行评析：

一、提出问题

《背影》回忆往事，写的是普通的生活感受，用的文字不多，而且字字平淡，但为什么读来如此令人感动？

二、默写词语，复述内容

（1）教师讲词语意思，学生默写：

祸不单行　奔丧　狼藉　出卖典质　惨淡　赋闲

（2）默读课文1～3自然段，把6个词连起来复述课文。（词语先后顺序可调换，"祸不单行"可在起始句中，也可放在结束句中）

三、写了几次背影？重点研究详写的一次

（1）忆背影　看背影　看背影　忆背影

（2）小黑板出示，凭记忆补充有意删去的词语；

"我看见他戴着小帽，穿着大马褂，深青棉袍，走到铁道边，慢慢探下身去……"

（3）研究补出词语的含义与作用：

"黑"、"布"、"蹒跚"、"肥胖"、"向左"

（4）背诵这段话。

四、课文中共出现几次流泪？第一次流泪与第二次流泪有何不同？

不禁簌簌地流下来　我的眼泪很快地流下来

我的眼泪又来了　　在晶莹的泪光中

第一次：形容其多（悲伤郁积于心：伤心之泪）

第二次：形容其快（领悟深沉父爱：感动的泪）

五、综合训练

（1）"在晶莹的泪光中"，"泪光"能改为"泪珠"吗？（第一人称"我"，不能写自己的外貌"泪珠"）

（2）如用第三人称，又应注意什么？（适合写"他"的外貌，不适合写"他"的心理。若写心理，必须加上表示猜测、模拟的词句）

从文中找例子说明。

（父亲）扑扑衣上的泥土，心里很轻松似的。

（3）回家检查进入初中后以第一人称写的记叙文，是否有不符合第一人称写法要求的，找出有代表性的句子并加以修改。

四个板块

默写词语，复述课文（开篇）

理清出现的几次背影（发展）

补充辨析删去的词语（高潮）

分析几次流泪（结束）

板书设计

忆背影　　簌簌地

看背影（详写）很快地

看背影（略写）又

忆背影　　在晶莹的泪光中

（上海　陈钟梁）

（3）请按照教学策略制定的综合要求，对下面人教版高中《语文》必修二第一单元教学设计进行评析：

一、了解本单元的编写意图

本单元重点学习写景状物散文。

本单元包括三篇课文：《荷塘月色》、《故都的秋》、《囚绿记》。

《荷塘月色》以精彩的写景状物闻名于世，作者用他的生花妙笔创造出优美的意境和精美的语言；《故都的秋》也写景状物，但更有感染力的是文中浓郁的情味，作者的襟怀、志趣、性格洋溢在字里行间。两篇经典名篇历来为鉴赏家所称道，自发表以来，一直是中学语文课本中的选文，即使在语文教育改革如火如荼地进展的今天，它们依然有着极大的教学价值。《囚绿记》是第一次进入语文课本，高中新课本选用它，是因为它篇幅较短，写景状物很有特点，表情达意含蓄蕴藉，写景状物新颖独特，写出了景物的"灵性"，适合中学生诵读、赏析。

这些散文名篇的共同特点：一是写景精美，情味浓厚。尽管各篇课文情感的表达方式不同，有的含蓄，有的直率，但都情景交融。二是意蕴深。这些课文不仅展现了景之美情之浓，而且蕴涵着丰富深刻的思想，可以引发读者对自然、人生、社会的多方面思考。三是语言美。尽管各类散文都讲究语言美，但写景状物散文对语言美的要求更高，这些散文将语言美发挥到了很高的境界。

二、把握本单元的总体教学目标

以课程标准中"知识与能力、过程与方法、情感态度价值观"三个维度为坐标，根据"积累、整合""感受、鉴赏""思考、领悟""应用、拓展""发现、创新"学科能力目标确定本单元的总教学目标。

（1）展开想象的翅膀，力求身临其境地体会作品描述的美景，感受作者心灵的搏动。

（2）练习运用圈点、批注法鉴赏文章中的精彩语句，学习做一点圈点批注，写下心得。

（3）对那些美妙的段落，反复朗读，熟读成诵，逐步增强对写景状物散文的鉴赏能力。

（4）在阅读鉴赏中，加强积累整合能力的培养，引导学生逐步掌握写景状物的相关知识，能够仿照本单元自己喜欢的写作形式，书写自己的感受。

三、实施本单元的教学建议

（一）内容的设计基点

（1）分析写景。在写景抒情散文中，景物描写能充分地显示出作者对自然景物的感受力和语言才华。品味景物描写是解读这类散文首先要过的一道门槛。在不同的作家笔下，景物呈现出不同的形象、色彩、趣味，所以不仅要认真细致地品味每一篇文章，最好还要比较分析、综合评判不同文章，以获得更为广阔的视野。

（2）体会情感。写景状物散文基本上都是抒情的，景为情而设，情感占了相当大的比重，所以要特别注意让学生带着感情读课文，将自己的感情调适到最饱满最充沛的状态；其次要专注于查寻作者的感情基调、感情线索、感情发展变化等，要把这些课文当"情文"来读。

（3）注重审美。写景状物散文都是描写审美物象、表达审美情感、体现审美趣味的。引导学生用审美的眼光读课文，品味美景美情，获得充分的美的享受，并对这种美进行富有创见的评价。

（4）品味语言。散文语言是艺术化的语言。中学生学习散文，品味语言是必不可少的一个环节。他们透过优美的语言在心中获得有关景物的生动形象，获得对作者思想感情的体会和对课文美的感知。品味语言的一个重要途径是朗读，朗读本单元的课文要有充沛的感情，读出语句的节奏，读得抑扬顿挫。

（5）读写结合。将写作目标、写作要求引进到散文鉴赏教学中来，既有助于提高散文鉴赏水平，又有助于提高书面表达能力。散文教学的读写结合可以有多种方式，如鉴赏散文作品的写作技法，获得写作的启示；学过课文后"趁热打铁"，让学生动手写小散文，哪怕写片段也行；挑出课文中优美隽永的语句加以品味，再进行仿写；指导学生写课文赏析文章等，起初要求不宜过高，只要求能写成文章，表达一下个人感想就可以了。

（二）教学时间安排。8课时：《荷塘月色》2课时；《故都的秋》3课时；《囚绿记》1课时；表达交流2课时。

四、单元教学构想

（一）赏析美景

尽管这三篇课文写作方法各异，写出的景物特点各异，但都有这样的共同特点：写景精妙，景物特征鲜明，给读者以美的享受。按照常规，读写景状物散文首先要赏析景物描写。这里简要分析这些课文的写景特点。

（1）摄取景物片段。这些课文都不太长，要在有限的篇幅内描写好景物，必然只需写片段景物。这种片段景物，可以是景物的空间片段，也可以是景物的时间片段。前者如《囚绿记》，只写绿枝条，是片段景物，至于绿枝条以外的各种景物一概舍弃；后者如《荷塘月色》，只写夏日夜晚的清华园荷塘，摄入作者视野的荷塘周围景物可谓多矣，不只写一花一叶，但时间只限定在夏日夜晚这一片段时刻。描写景物空间片段的，往时间上延长，描写景物在不同时间上的变化；描写景物时间片段的，往空间上延长，描写在同一时段上的诸多景物。尽管还可以有其他写法，也可以不写景物片段，甚至随心所欲地写景，但那样写，无法集中写景，不可能写得充分、细致，而且章法混乱，或者呆板，缺乏艺术性。我们鉴赏写景状物散文，要在这种景物片段上多加体会，以得到更加鲜明的印象、更加充分的感受。

（2）选择写景角度。作者总是调动各种手段写景状物，包括选择写景的角度，有远景、近景，有俯视之景、仰视之景，有动景、静景，有定点观景、移步换景……如《故都的秋》中"你也能看得到很高很高的碧绿的天色"，"从槐树叶底，朝东细数着一丝一丝漏下来的日光"，这是写仰视之景；《荷塘月色》的"月光如流水一般，静静地泻在这一片叶子和花上"，"弯弯的杨柳的稀疏的倩影，却又像是画在荷叶上"，这是写俯视之景；《瓦尔登湖》的"当你倒转了头看湖，它像一条最精细的薄纱张挂在山谷之上，衬着远处的松林而发光，把大气的一层和另外的一层隔开了"，这是写远景兼静景；还是这篇课文，"划桨到了那些地方，我才惊奇地发现我自己已给成亿万的小鲈鱼围住，都只五英寸长；绿水中有了华丽的铜色，它们在那里嬉戏着，经常地升到水面来，给水面一些小小水涡，有时还留一些小小水泡在上面"，这是写近景兼动景。总的说来，多角度写景可以写出景物的不同层次不同特点，因此角度越多景物的立体感越强；当然也不能否认一种角度写景的意义、作用，如果是专取一种角度写景，可以将景物的特征写得充分、彻底。我们鉴赏写景状物散文，细致地分析写作的角度，可以获得更加丰富的心灵感受，并获得写作的启示。

（3）抓住景物特点。写景状物要抓住特点，这是不言而喻的。要写出景物的特点，往往要与文章的整体氛围相协调，使全文保持统一和谐的风格特点。如《荷塘月色》创造了一种幽暗、优美、静谧的氛围和意境，在这种背景下，对文中各种景物的个性化描写都与这种氛围和意境相适应。要写出景物的特点，往往要从细微入笔，把景物的细部、局部特征放大，或者较多地运用比喻、拟人的修辞方法，或者将景物变形、变色、变味。如《故都的秋》"或在破壁腰中，静对着像喇叭似的牵牛花（朝荣）的蓝朵"，这是细致入微的笔法，如同电影的特写镜头；又如《荷塘月色》，写荷花荷叶荷香等运用了繁多的比喻和拟人，把景物的特点充分显现出来，具有诱人的魅力。我们鉴赏写景状物散文，应集中力量赏析富有特征的景物和多种多样的艺术手法，这是化文字形象为脑海中的具体形象并进入课文情境的重要手段，也是体会和借鉴写作方法的重要途径。

（二）体会深情

写景状物散文描写景物的形象、景物的特征，其间又伴随着作家情感的波动、情趣的流露。状写景物可以是连续的，也可以是间断的——间断者，是为了抒情写意或章法布局的需要，写景中断，代之以叙事或议论。然而情感必须贯穿始终，即使在作家沉浸于描写一景一物的细部特征时也得保持感情的潜流，景物呈现于作家眼中，经过艺术化的选择提炼，再用文字描写出来，必然会带上作者的主观感受。当然作家的情有时明显，有时隐晦、明晦多变，正显示文章情脉的跌宕多姿。这些课文的情感表现各有特色，试列述之：

（1）情感的一致性。如《故都的秋》，开篇写道："可是啊，北国的秋，却特别地来得清，来得静，来得悲凉。"三个特点既概述了故都之秋的景物自身特点，也表达了作者对故都之秋的切身感受，作者的情感表达不是大起大落的，而是较为"平"地展开的。文章起始便奠定了全文的情感基调，全文都是按这三个特点或三种感受来写作的，情感成为一条贯穿全文的线索，在这条线索的各个阶段都无多大变化。

（2）情感的变化性。如《荷塘月色》，开篇说"这几天心里颇不宁静"，文章中间透出淡淡的喜悦和淡淡的忧愁，显出作者心灵在负重和挣脱之间游移，也就是说情感随写景叙事起伏变化，形成一条弯弯曲曲的线索。

（3）情感的含蓄性。如《囚绿记》，写一陋室外的一条绿枝，其景物可谓微小，但作者把它放到"卢沟桥事变"的社会政治背景下描写，意义非同凡响。作者没有直接写北平人民遭受日本帝国主义的铁蹄践踏的现实，只写与绿枝条的"交往"，最后还深深地怀念绿枝条，寄语于此物，而意寓于他处，作者情感在显与隐之间，情感的含蓄性成为文章的一大特点。

我们鉴赏写景状物散文，可以从上述的几个方面（当然不排除其他方面）把握作品中的情感、作家的心怀。不但要理清写景状物的线索，还要理清作家的情感线索。赏析景物描写时固然可以津津乐道，赏析作家情感线索的起伏、隐现同样是很有趣味的。

（三）品味语言

写景状物散文的语言集中体现了散文语言之美，所以品味写景状物散文的语言是一项重要的教学任务。"赏析美景"可以通过品味语言进行，"体会深情"也可以通过品味语言来进行。语言是文章中有形的东西，文章中有许多无形的东西有待于从有形的东西中提取，正如建筑物必须从地基垒起一样，语言就是支撑文章思想感情、构思布局和艺术风格等综合大厦的基石。然而有些老师在散文教学课堂上罔顾学生对语言认知、品味的必要性，直接引领学生攀登形而上的"空中楼阁"，结果学生学完之后仍是茫茫然、昏昏然。

品味写景状物散文语言的方法很多。可以认真诵读，边读边在脑海里"放映"文字的影像，边读边品味语言本身之精彩——音乐性、画面感和哲理性，边读边体会作者心灵之搏动；可以认真默读，静静地欣赏优美隽永的语言，品味语言背后的意蕴情味，评价作家的语言风格；可以背诵课文片段，很多师生还没有意识到背诵现代散文的重要性，以为只有古代散文才值得背诵，这是一种错误的理解，熟读背诵现当代散文，学生可以获得比熟读背诵古代散文更加强烈的感动和启悟，并获得良好的现代汉语语感和文学语感；可以进一步巩固和提高圈点批注的能力水平，写景状物散文可圈可点之处甚多，不应该错过以"写读"的形式品赏精彩精美的散文语言的机会，每课的"研讨与练习"至少都有一道揣摩语言的题，起着示范作用。总之，重视品味语言是回归语文教学的正道，品味语言的"入口"虽小，但"出口"很大，可以通往广阔的天地。

（四）探究人文精神

在当今课程改革背景下进行语文教学，挖掘、探究语文课中的人文精神，成为了一个突出的话题，也是困扰老师们的一个难题。总的来说，人文精神不是额外添加的，或是通过生硬地张贴标签命名的，而应视作语文课固有的要素和资源。以前不太重视这一教学目标，如今这一目标得到凸显了。如何在本单元探究人文精神，这里试作探讨。

1. 接受美的熏陶，激发美的追求

写景状物散文始终贯穿着审美意识、审美情感、审美趣味等，甚至可以说这些审美要素是作家审美心灵的外化。读者读它们应该接受这种美的熏陶。这种"接受"，借用前文所述，一是赏析美景，二是品评美情，三是品味美言，也就是说让学生看到一个美的文本，一种美的创造。如果能做到这一层，就把握了课文的美的要素。但还不够，还应该更进一步：把审美意识、审美情感、审美趣味内化为学生自己身上的东西和灵魂里的东西，逐渐养成对美的热爱、追求以及对美的欣赏能力。例如诵读《荷塘月色》，要能有前人说的"余香满口"的感觉，能在脑海中产生美的画面，掩卷沉思，仿佛心身处于一种美好的情境氛围当中。照此训练，年深日久，必然有助于养成美好的情怀，提高审美的能力。

2. 感受文化韵味，提升文化品位

增强语文课本的文化韵味，奠定学生的文化底蕴，提高学生的文化品位，这是当前语文教育改革的一项重要任务。山水本身没有人文色彩，一旦纳入人类的视野，印上人类的足迹，被赋予人类情感的象征意义，也就有了人文色彩、文化色彩。这种人文色彩、文化色彩蕴涵于文本中，开启了读者与作者的心灵沟通。散文作品的人文底蕴、文化韵味有多深多浓厚，取决于作家的自身修养和作家的创作状态；作品中的人文底蕴、文化韵味的丰富与贫瘠、深厚与浅薄，在一定程度上决定着读者对人文精神摄取的深浅、多少。本单元中的课文大都可以挖掘到丰富的文化底蕴，如《故都的秋》，作者对秋的感觉不是仅仅停留在眼耳鼻舌身的直观感受上，而是迁移到古今中外的广阔领域，与文化人、与全人类沟通的共同经验和感受，写出了一个饱读中国传统诗书的人士对秋的感觉；《瓦尔登湖》同样是以一个文化人、文明人的身份，表达对瓦尔登湖自然美景的感受和对人与自然关系的思考。这就告诉我们，读到的不只是一个美的文本，还是一个充满文化意蕴的文本。

3. 体会崇高情感，净化灵魂世界

山水可以美化情感、净化心灵，模山范水的散文可以起到类似作用，从一定意义上说散文作品对读者的心灵的感染力更强于自然山水。如专家所说："朱自清的文体美，是有自己的个性特点的，有人曾将它概括为一个'清'字。我想，这个'清'字，不只是指文字的清秀、朴素，恐怕连人格的高洁、思想的纯正、感情的真挚都包含在里面才是。"所以读《荷塘月色》，能读出情感的、道德的东西来才是真正读懂读通了。又如《囚绿记》具有感人魅力，原因是多种多样的，其中一个重要原因应该是作品传达出作者对生命的丰富体验，对被囚生灵的怜悯，对国家被创、国民受辱的义愤，只有悟到这一层，才能体会到这篇课文的真正价值。这就告诉我们，读散文不光要读它的"文学文本"、"文化文本"，还要读它的"道德文本"和"心灵文本"。

五、教学实施流程设计

（一）布置预习，组织学生利用课余时间完成。要求学生通读《荷塘月色》、《故都的秋》、《囚绿记》三篇课文，分课写出预习案。预习案必须包括如下内容：

（1）课题、作者以及相关文学常识，主要包括5个要素：①人——作者姓名、字、号、称号②时——作者所处的时代③地——作者的籍贯④作——作家的代表作品（如果注解中没有则查阅相关资料予以补充）⑤评——人们对作者的评价。

例如：

《荷塘月色》，朱自清，原名自华，字佩弦，现代散文作家、学者，江苏扬州人，原籍浙江绍兴，代表作品有《背影》、《毁灭》、《欧游杂记》等。

（2）积累字、词、佳句。

要求学生查阅工具书给生字注音并把该字及其拼音各抄写5遍，生词要解释，佳句要抄写下来。

（3）写出感悟与赏析。

"感悟与赏析"包括两个内容：其一，深入体会课文表达的感情，并且联想自己相似的情感经历；其二，在每篇文中找出3～5处能很好地表达感情的词句或细节，分析它们表达了怎样的感情，说说作者运用这样的词句或细节在表达感情上有什么好处，分析得越具体越好，切忌空发议论。

（4）完成指定的课后练习。

（二）分组研讨

把学生分为四个研讨小组，每个组深入研究一篇课文，具体完成以下五项任务：

（1）全面概括课文所表达的感情，分析得越具体越好。

（2）在每篇文中找出能很好地表达感情的词句和细节，体会它们所表达的感情，具体分析作者运用这样的词句和细节在表达感情方面的妙处。要求逐条分析，不能笼统概括。

（3）相互讨论，并查阅相关资料解答课后练习。

（三）研讨成果展示

质疑辩论：由其他三组分别向发言组提问，他们可以提出自己在预习该篇课文的过程中碰到的问题，也可以针对发言人的演讲进行质疑，还可以从发言小组研讨的课文中发掘其他的问题。每个组可以提两个问题，这些问题可以由发言人回答，也可以由发言组的其他成员回答，还可让发言组经过讨论后回答。学生答不上来的问题，老师应及时加以点拨。

第五单元

语文综合性学习·教学设计测评技能训练

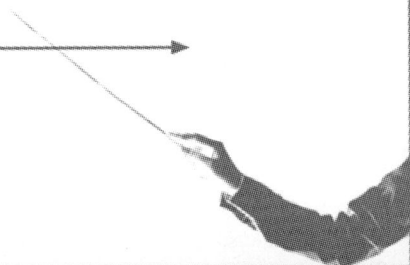

【训练导言】

教学设计测评技能，包括：制定教学设计测评标准的技能，选择教学设计测评形式和方法的技能。

教学设计测评是教学评价的有机组成部分，它包括两个层面：一是对教学设计要素的测评，二是对教学设计成果的诊断与改进。

教学设计要素的测评，涉及教学目标、教学内容、教学方法、教学结构、教学过程、教学组织形式等要素，主要针对教师行为，属于教学行为的一部分。这些要素和内容对教学效果的影响既包括这些因素本身对教学效果所起的作用，也包括这些因素之间的相互作用对教学效果的影响。

教学设计成果，主要指教师对自己的教学设计方案及教学活动设计的思考，是教师对教学设计的查漏补缺、吸收和内化的过程；是教师关注学生，体现以学生为主体的理念的教学过程。教学前诊断与改进，能有效地修正教学设计中的不足，增加教师对学生特征的了解和对教学起点确定的合理性，能有效提高教学设计的质量。

【案例评析】

案例一：《黄河是怎样变化的》（人教版小学《语文》四年级下）教学目标

一、知识目标

（1）认识8个生字；

（2）掌握"摇篮、生息繁衍、忧患、植被、水土流失"等词语的意思；

（3）指导学生了解黄河的过去和现在，知道黄河变化的原因及其内在联系。

二、技能目标

（1）引导学生理清课文脉络，给课文分段，粗知文章大意；

（2）组织学生搜集有关黄河的资料，培养积累材料的能力；

（3）继续培养有感情地朗读课文的能力。

三、情感目标

（1）引导学生体会课文语言的生动，领悟词句所表达的感情；

（2）培养学生的民族忧患意识。

评析：

语文教学目标设计，要明晰而恰切。案例反映了目前教学目标在设定上存在的比较普遍的问题：一是表述形式杂乱，盲目套用，随意性大，缺少规范；二是表达内容宽泛，语文本质特征不足，抽象概括有余，清晰恰切不够。

案例二：《蜀道难》（人教版高中《语文》必修三）教学内容确定

教学《蜀道难》，可供选择的教学内容大致有以下几个方面：①主题思想的把握；②写作意图的探讨；③诗歌意境的感受；④艺术手法的分析；⑤朗读背诵的指导；⑥文言字词的理解；⑦文学常识的落实。

这是一首诗，它没有表达高深的思想，但它却是中国诗歌史上的千古绝唱，是最伟大的浪漫主义诗人最富浪漫主义色彩的宏伟诗篇。所以，讲授这首诗，没有必要去挖掘其中的思想意义，而主要是让学生去品味诗人奔放的感情和丰富的想象，以及新奇大胆的夸张和生动活泼的语言，感受诗歌雄奇壮美的意境。至于写作意图，是送别还是讽谏，还没有定论，况且这与诗歌的本质无关，是那些皓首穷经钻故纸堆的考据家的事，没必要将学生引入"歧途"。诗歌意境的感受，要通过反复诵读来体会，也要通过艺术手法的分析来上升到理论的高度。所以，教学设想是，通过指导学生诵读和对相关诗句艺术手法的分析，引导学生感受诗歌雄奇壮美的意境。至于有关的文言字词和乐府旧题的文学常识，这是无法回避的，可以穿插在教学过程之中。

评析：

面对异常丰富的教学内容，设计者紧紧抓住课文的特点进行大胆取舍。"抓特点"是确定教学内容的基本技能。它包括三方面内容：一是抓教材的篇章特色（如结构、思路等）；二是抓教材的文本特色（如文体、语言、意象、修辞等）；三是抓教材在全册或单元中的"地位"；四是抓教材的内容特色。文本文体不同、篇目不同则特点不同。这个案例中，设计者抓住"诗歌意境"，带动"艺术手法的分析"，将"文言字词的理解"和"文学常识的落实"渗透在诗歌艺术的赏析之中。既突出了文章特点，又很好地完成了教学任务。

案例三：《老王》（人教版初中《语文》八年级上）教学过程设计

下面是《老王》教学过程设计简图：

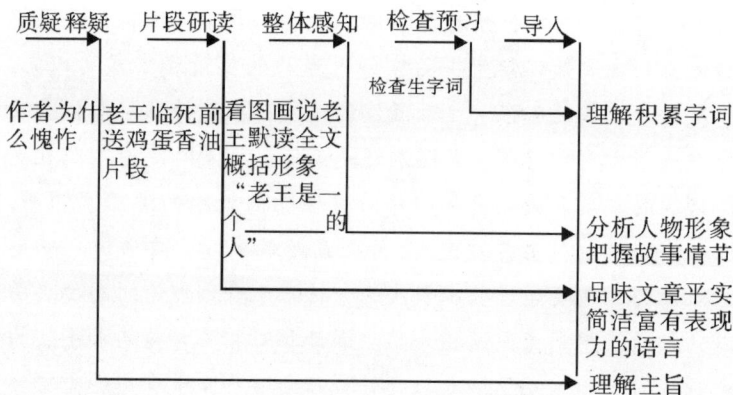

简图将《老王》的教学过程设计简单明了地展示出来，且将各环节与教学目标——对应，对分析问题十分有利。那么，通过诊断，可以发现以下问题：

（1）理清线索的教学目标，没有明显对应的环节。虽然本意是在概括老王形象时通过让学生找根据来梳理情节，但基于本义材料较繁琐，如果不明确提出，学生可能难以清楚把握文章条理，所以应考虑加入一个把握脉络的环节。

（2）"整体感知"这个环节中"看图话说老王"似乎不妥，一来就用图像限制了学生的想象，这样学生对老王形象的理解就可能不是从文字理解出发，依靠文本得到。因而这一个环节应考虑删除。

（3）对于作者杨绛应该要有一定介绍，可以帮助学生深刻地理解文章主旨，思考如何加入作者简介。

根据分析，对教学过程程序作如下改进：

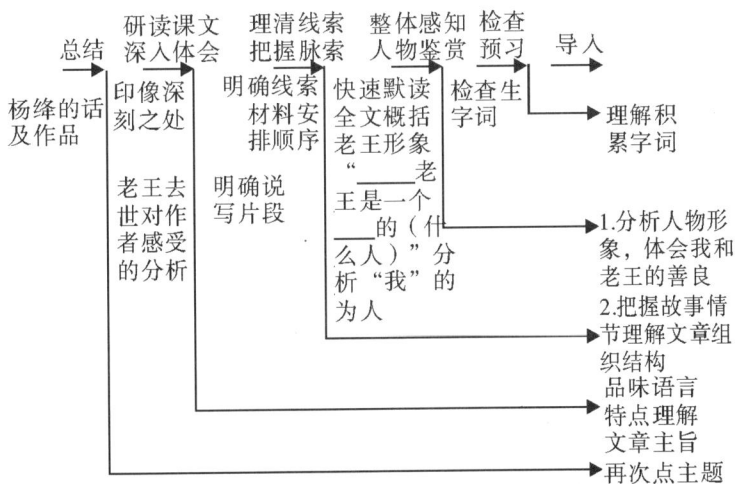

评析：

案例采用了教学过程程序分析的方法。它运用教学过程程序图，将《老王》的教学过程设计简单明了地展示出来，且将各环节与教学目标一一对应，有助于教师理清教学过程的逻辑思路，易于发现问题。通过对问题的分析，教师对教学过程程序作了调整，解决了存在的问题，使教学设计过程得到了改进。

总评：

教学设计要素的测评，涉及教学目标、教学内容、教学方法、教学结构、教学过程、教学组织形式等要素，主要针对教师行为，属于教学行为的一部分。案例一，违反了教学目标设定的"明晰而恰切"的要求，表现在一是表述形式杂乱，二是表达内容宽泛。案例二，面对异常丰富的教学内容，设计者紧紧抓住课文的特点进行大胆取舍。案例三，在进行教学测评时，采用了教学过程程序分析的方法。通过对问题的诊断和分析，教师对教学过程程序作了调整，解决了存在的问题，使教学设计过程得到了改进。

思考题：

1. 教学目标设定的基本标准是什么？如何设定明晰而恰切的教学目标？

2. 教学内容取舍的依据是什么？如何根据文本特点取舍教学内容？

3. 教学设计自我诊断及改进的方法有哪几种？如何运用教学过程程序分析法？

【技能训练】

一、教学设计测评训练目标与任务

（1）理解教学要素测评的标准，并对教学设计要素进行测评。

（2）能运用教学设计成果测评的方法对教学设计成果进行测评。

（3）能运用教学设计自我诊断与改进的方法。

二、教学设计测评技能训练要求

（一）理解教学设计测评标准

1. 文本解读：深刻而多元

深刻解读文本，即读出文本的初始意义。文本的初始意义即作者创作的真实意图和根本目的。只有读出了文本的初始意义，才算得上是真正走进了文本的世界，走进了作者的心灵世界，才算是真正读懂了文本。这是我们学习任何文本的出发点和基本任务。任何文章都是特定社会条件下的特定产物，都是作者彼时彼地彼境彼情的"唯一"，要想读懂这个"唯一"，就必须对文章写作的时代背景、作者的生活境遇、脾气秉性、创作风格乃至创作动机等方面有一个准确的定位和透彻的了解。古人一贯提倡"知人论世"，就是基于这个道理。

多元解读，即读出文本的丰富内涵。文本解读的单一化，是社会一元化的折光。随着世界政治格局演化和学术发展的多元化趋势，文章意义解读也从单一化向多元化转变，这种趋势已不可逆转。尤其是接受美学理论的崛起，人们已经认识到读者不同的文化背景、社会经历、知识结构、审美情趣等，对文本意义的理解和接受也是完全不同的。因此，在语文阅读教学中，对学生的各种独特见解，要在积极的方面给予充分的肯定，并从中寻找合理性的内核和多样化的认知。

2. 教学目标：明晰而恰切

教学目标的评价主要从两方面来看：一是目标的设定。主要看是否根据课标的要求、教材的特点和学生接受的可能，来设定切合实际、明确具体的课堂教学目标。二是目标的落实。主要看教学内容的确定、教学方法的选择、课堂教学的进程是否围绕目标进行以及学生达到教学目标的程度。

具体可以从以下五点来考察：

（1）教学目标是否与学年、学期、单元计划协调一致；

（2）教学目标是否适合教学内容和现有的教学资源；

（3）教学目标是否在教学中转换成了学习主体——学生的学习目标（包括教学目标是否从学习者的需要出发进行设计，是否考虑了学生对学习目标的理解能力，是否落在了学生的"最近发展区"）；

（4）教学目标是否能根据课堂教学进展情况和学生的实际表现体现出一定的弹性；

（5）教学目标是否体现了促进学生的终身发展，尤其是终身学习的要求。

明确而恰切的教学目标，要符合语文课程的性质，体现学生的主体性学习。教学的一切活动都是为了学生的"学"，因此学生的参与程度、互动程度、情感变化程度和学习体验程度等都是评价课堂教学效果的重要指标。

3. 教学内容：准确而合宜

内容，是语文课堂教学的重要因素，它受目标的制约并为实现目标而规定，是目标实现的物质载体。语文课堂教学内容的评价可以从两方面去看：一是准确，二是恰切。

所谓"准确"，即符合科学性。一是指知识的传授要正确、系统、连贯、熟练。知识的传授可以"浅"（不涉及学术上无定见的争论，或不涉及"高"、"新"见解），但必须准确无误。系统、连贯不仅便于记忆，便于检索，而且有利于思维条理的养成。分解开来一"点"一"点"指导学习，"点"要明确；构建一个系统，合则有"序"，运用起来，则可能融会贯通。所谓分则"点"明，合则"序"清，用则贯通。二是技能及能力的训练要严格、得法。要有严格的训练要求，使听说读写能力——落实。在能力训练中，使学生体会到学科学习的方法，具有语文学科学习的能力，并初步感悟到语文学科的学科思想。要有科学的训练方法，其核心是符合认知规律，调动学生的思维活动，使其处于"亢奋"状态（或至少在一段时间内"亢奋"），并且应注意对良好的思维品质的培养。训练中要紧扣语言因素。训，即指点规律；练，是学生的操练。教师应强调学生自己的语文实践活动。三是思想道德教育要自然渗透。充分发挥语文课自身的教育功能，自然地渗透相关的思想道德教育，是"养成教育"的重要方面，是基础教育中实施素质教育的极重要方面。四是审美情操要内化。对文学作品的内容、情感、表现形式、语言美有所感悟，并具有健康的审美情操，要调动学生从情感深处实现内化。

合宜的教学内容，"一是教师对自己的教学内容要有意识，即知道自己在教什么，并且知道自己为什么教这些内容。

二是一堂课的教学内容要相对集中，才能使学生学得相对透彻"。确定合宜的教学内容是有效教学的底线。一堂课，如果没有合宜的教学内容，那么无论在教学方法上玩什么花招、树什么大旗，都不可能是成功的语文课。只有我们将每篇课文当成课例，确立合宜的教学内容，再根据学生的学情制定出适宜的学习目标，我们才能够切切实实的提高课堂教学效率，做到有效教学。合宜要求把握好教学的"度"，在难易、多少、快慢方面力争做到恰到好处。需要强调的是，教学内容要有挑战性。教师要选取与学生学习能力和学习基础相应的内容，不断引发学生的认知冲突。只有在教学能够使学生感到有解决认知冲突的需要，和有投入精力解决认知获取认知平衡的需要时，教学才对他们产生吸引力。

4. 教学策略：恰当而合理

教学策略主要是指教学思路和结构、教学组织形式、教学方法、教学媒体四个方面。教学策略反映了教学观念和教学水平，影响着教学目标的实现。恰当而合理，是指几方面的选择恰当和运用合理。教学思路和结构的选用要能有效地构建教学结构和推进教学过程；教学组织形式的选择要符合面向全体兼顾个人的新课程精神；教学方法的选用要能激发学生的学习情趣，使其思维处于活跃状态；教学媒体选用要能整合多种媒体的优势，最大限度地发挥教育技术应用价值。

（1）从课堂教学要素构成（静态）的角度说，课堂教学结构是指一堂课各组成部分的衔接方式、顺序安排和空间位置。它是教师按照自己的教学思路所确定的课堂教学环节、步骤、方法所构成的教学形式；也是体现教学思想、完成教学任务的组织形式和表现形态。教学思路和结构的测评，应从如何蓄势、如何铺垫、如何渲染、如何掀起高潮、如何结课等方面考察，看它是否严密而不死板，充实而不空洞。

（2）从课堂教学要素运行（动态）的角度说，教学过程是教学活动的主体，是教学内容与教学方法的结合。教学过程的展开要围绕目标与内容，要符合学生的认知规律，由浅入深，由易到难，体现学生是发展的主体的理念。测评标准是整体而可控。"整体"是指课堂教学有整体的建构，各个环节长短合宜，步骤清晰，环节间的衔接与过渡自然而井然有序。"可控"是指能根据学生的认知规律，准确把握学生的反馈，并能恰当地处理或调控教学进程。

（3）方法和媒体，是语文课堂教学的两个重要因素，它们受制于目标并为目标服务，同时它们又受内容的影响，内容的不同决定了选择方法和媒体的多样化。教学目标正是以教学内容为载体，通过具体的教学方法和媒体才得以实现的。教学方法和媒体的选择是否有效，可从四个方面去判断：指导思想方面，看有没有把面向全体学生与注意因材施教相结合；认知方面，看有没有把知识传授的系统性和手段培养的有效性相结合；情感方面，看能否注重师生双方彼此情感的交流；调控方面，看信息反馈是否及时、调控是否得当、教育机制的发挥是否良好等。

（二）能运用教学设计测评方法

教学设计成果评价的实质是从结果和影响两个方面对教学活动给予价值上的确认，并引导教学设计工作沿着实现预定目标的方向发展。

教学设计成果的评价包括形成性评价和总结性评价两种形式。形成性评价的重点是搜集数据，分析数据，改进教学设计成果；总结性评价，主要是将它与其他类似形式的教学设计成果进行比较。

有效教学成果的评价主要以形成性评价为主，即设计成果要在其形成的同时对其加以评价。形成性评价以学习者为导向，所获得的数据和信息来自学习者的反馈和测试成绩。主要包括两个阶段：一对一评价阶段和小组评价阶段。

1. 一对一评价阶段

这个阶段评价的目的是确定并改正教学设计成果中存在的明显错误，从学习者那里获得对教学设计成果的最初使用数据和反馈。由于这种评价主要是通过教学设计师和单个学习者的直接交流来完成，所以称为"一对一评价"。

2. 小组评价阶段

这个阶段评价有两个主要目的，一个是确定在一对一评价后所作的改动是否有效，学习者还有哪些学习问题；另一个是确定学习者不与教师交流是否可以独立地使用教学设计成果。

（三）教学设计自我诊断及改进

1. 运用教学过程程序分析法

教学过程程序分析是指把以课时为单位的教学过程作为研究对象，在着手对某一环节的设计进行改进之前，对其全过程所进行的概略分析，其目的在于从宏观上考查设计方案，在对教学过程的整体框架进行把握的基础上发现问题，优化改进。

教学过程程序分析手段有助于教师理清教学过程的逻辑思路，它要运用的操作工具是教学过程程序图。教学过程程序图是对以课时为单位的语文教学过程的概略描述，主要反映教学过程的概况以及各环节之间的相互关系。它将课堂教学的各个环节按顺序从左至右依此画出，并注明其对应落实的教学目标。利用教学过程程序图在教学设计之后干净利落地整理出设计思路，提供了教与学过程的全面概况以及各环节之间的相互关系，以便从总体上发现存在的问题并解决问题。

2. 运用 4W2H 教学设计诊断改进法

这种方法是指对教学设计中各个环节的内容、方法、原因、对象和时间进行提问，通过提问再根据问题的答案来研究如何改进优化。具体而言，4W2H 中 4W 是指英文单词 What、Why、Who 和 When，2H 是指英文 How、How Long。运用4W2H 法分析时，为了能更清楚地发现问题，改进提高，往往可以连续几次提问。具体操作如下：

What——进行什么教学内容？

Why——为什么要进行该环节？有无必要？

When——什么时段实施该教学环节？这个时刻实施是否合适？有无其他更合适的时间？

How——采用什么教学方法？该方法是否最优？有无更合适的方法？

Who——该环节的主要表现者是学生还是教师？这样是否最优？有无更好的安排？

How Long——完成该环节需要多少时间？这一时间长度是否合适？

What——学生在学习这一内容时怎样解决问题？可能会出现什么问题？

很显然，这一方法能有效地对每一个环节进行全方位的诊断，通过反复地提问来优化该环节的设计。首先明确内容，再思考其必要性及实施时间点的适当性，然后对教与学的方式方法进行诊断，对这一环节参与者行为进行审视，再考虑其所需时间长度的安排，最后应思索实施时可能产生的问题，如学生无法按预设思路达到目标时该怎么办。4W2H 法是较系统有序的检查教学设计的手段。

3. 运用教学操作流程分析法

教学操作流程分析法与教学过程程序分析法类似，也是一种很有意义的分析法。它是以教师和学生的活动状态为研究对象，把教学过程划分为教师的激趣、提问、评价、总结、倾听、叙述、观察 7 种状态和学生的倾听、思考、讨论、阅读、书写、叙述 6 种状态，然后在此基础上作详细的记录分析，看其是否存在不合理、不科学的地方。

三、教学设计测评技能训练方式与材料

（一）教学设计测评技能单项训练

下面是一节作文课的教学过程，从中可看出教学目标设定存在什么问题？试作分析。

（1）出示高考说明中关于写作的要求；

（2）学生阅读一篇《忙》的高考作文，讨论交流习作值得肯定的地方；

（3）学生根据教师要求阅读习作，发现习作点题的句子；

（4）教师小结习作的主要问题：中心不够集中；

（5）学生讨论、交流习作的修改；

（6）教师小结修改的三个技巧（明确表达观点，使文章的立意可以贯串始终；材料要始终为主旨服务，要有聚焦主题的功能；按一定意图精选材料，感觉所用的材料不能为主旨服务时，一定要修改或更换）；

（7）学生阅读讨论另两篇习作《忙》的问题（主题提炼不够恰当）；

（8）幻灯出示一组关于春的名言警句（10 句以上，由于太快，没有数清楚）；

（9）幻灯再出示一组学生习作中摘出的关于秋的名言警句（11句）；

（10）学生分组讨论拟写关于"忙"的名句；

（11）全班交流关于"忙"的名句。

（二）教学设计测评技能专项训练

（1）请运用教学过程程序分析方法，针对下面《湖心亭看雪》（人教版初中《语文》八年级上）教学过程设计及诊断分析，提出改进方案。

《湖心亭看雪》最初教学过程设计如下：

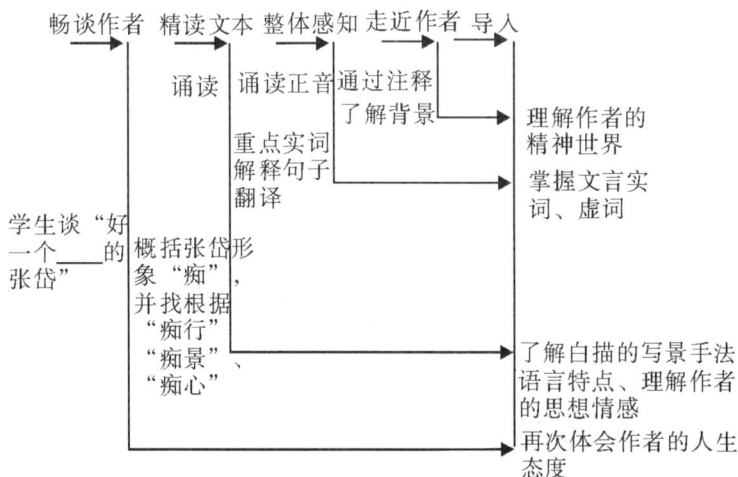

诊断分析：

五个环节：导入、走近作者、整体感知、精读文本、畅谈作者——使教学目标得以一一落实，但第二个环节涉及作者的背景和思想，这样使学生在还没认真品读文本之前就对理解文本有了"强迫性了解"，很可能造成之后的对作者思想感情的把握、性情的评价并非来自文本解读而是资料引导，如此一来，学生的阅读理解能力就得不到训练。那么，"走近作者"这一环节是否应该直接去掉呢？其实作品是回忆录，作者客居他乡及明亡后不仕这些信息对于准确体会作者情感是有重要作用的，可以把这一环节的位置调整一下，融合于精读文本之中来启发学生把握主旨，会产生令人惊喜的教学效果。

（2）请运用4W2H教学设计诊断改进方法，对下面《苏州园林》（苏教版初中《语文》八年级上）的最初教学过程设计进行诊断分析。

《苏州园林》最初教学过程设计（片段）如下：

教学过程设计第三个环节是精读语段，深入探究。一开始的具体安排是分段引导学生学习，引导的问题是：

第一，作者说明《苏州园林》的总特征"处处入画"首先说了四个讲究，第一个讲究布局在哪一段？齐读思考这一段用了什么说明方法？

第二，第四段介绍了假山和池沼的配合，自读思考这一段写得好在哪里？

第三，第五段讲了什么？请同学们概括，这一段在文字表达上有什么特点？

第四，第六段作者写《苏州园林》讲究什么？"隔而未隔，界而未界"是什么意思？用自己的话描述一下这样的情形。

（三）教学设计测评技能综合训练

下面是《父母的心》（苏教版初中《语文》八年级上）教学设计稿，请运用教学设计测评标准进行评析：

一、教学目标

（一）知识与能力

（1）学习课文一波三折、跌宕起伏的写作技巧。

（2）掌握文章生字词，会写会读会用。

（二）过程与方法

（1）有感情地朗读课文，理解文意。

（2）按照小说情节发展分析课文。

（三）情感、态度与价值观：感受父母浓浓的爱心、淡淡的哀愁

二、教学重点

（1）学习课文一波三折、跌宕起伏的写作技巧。

（2）感受父母浓浓的爱心、淡淡的哀愁。

三、教学难点

学习课文一波三折、跌宕起伏的写作技巧

四、教学方法

讲授法、情境创设法、讨论法

五、教学准备

（1）师生共同搜集川端康成的有关资料；

（2）每个学生一张 A4 白纸；

（3）搜集有关亲情类的歌曲和图片，如《因为我们是一家人》、《妈妈再爱我一次》、《唐山大地震》中的图片和歌曲，并准备多媒体课件。

六、教学过程设计

（一）情境导入

活动：我生命中的四样

同学们拿出事先准备好的纸，用笔在纸的中央写一个我字。认真思考后，在纸的四角写下你认为你生命中最重要的四样，

由于不得已的原因，必须相继舍弃一样东西，抹掉这四样东西后让同学们发言：各自最重要的四样东西是什么？以什么

次序舍弃？舍弃时你都想了些什么，为什么要先舍弃这一样？

由亲情的重要，引出对课文的学习。

（二）检查预习情况

1. 请学生简单介绍作者，老师指导补充

2. 字词积累

（1）给下列字注音或组词：濑、佣、酬、舱、褴褛

（2）解释：失魂落魄、如数奉还

3. 作者介绍

同学们自愿举手回答和完善，老师补充注意事项：川端康成曾获得诺贝尔奖，作者身世对其创作的影响。

（三）品读课文

（1）分组朗读课文，初步体会小说故事情节的发展，感受文中父母的心情变化；

（2）划分段落，进一步掌握文章结构和故事的展开。

破题（1、2）交代故事背景和人物关系。

开端（3~6）想领养孩子。

发展（7~12）三次送换子女。

高潮（13~16）要回女儿。

结局（17）一家六口团聚。

（3）再次默读课文后，请几位同学起来简单地复述故事，并和我一起完成表格，进一步理清故事脉络，同时体会贫穷父母的心理变化。

（四）讨论探究

（1）如果课文一开头就写贫穷的父母坚决地回复贵妇人：孩子一个也不送，是否更能表现出父母的爱子之心？现在这样写有什么好处？

（2）回想电影《唐山大地震》的电影画面，面对同一块

石板下压着的姐弟俩，母亲选择先救谁后是一种什么样的心情？同桌讨论。

（五）总结

小说写作特点：一波三折，跌宕起伏

小说主题特点：浓浓的爱心，淡淡的哀怨

"父母的心"的内涵

（六）布置作业

（1）课后请同学们搜集有关父母之爱的名言、格言、谚语、诗歌及感人的故事，我们将把从中挑出的典范作为下一期黑板报设计的内容。

（2）思考日常生活中父母为我们衣食住行各方面所做出的努力，我们又做出过什么让他们欣慰的和伤心的事。把它们分别列写出来，交给父母。

（3）仿照小说情节构造，写一篇发生在你身边的情感故事，可以是友情、亲情、师生情等。

板书设计：父母的心

川端康成

次数　送换情况　表情　送换理由

一　送去大儿子　眼含热泪　难割难舍　贫穷

二　二儿子换回大儿子　无精打采　接班人次序

三　女儿换回二儿子　不好意思　失魂落魄　和婆婆太像

四　要回女儿　痛哭失声　太小、冷酷

作品风格：一波三折　跌宕起伏　浓浓的爱心　淡淡的哀怨

第六单元

语文综合性学习·教学设计综合技能训练

【训练导言】

语文教学设计综合技能，包括：文本解读技能、教学目标设定技能、教学内容确定技能、教学策略制定技能、教学设计测评技能。这些是教学设计不可或缺的、能够保证教学设计有效性的技能。

文本内容是解决"用什么教"的问题。解读文本内容，是教师在教学设计时面临的第一个问题，文本解读技能即是语文教师教学设计的第一大技能。因此，语文教师应熟悉文本解读的基本要素，掌握文本解读的基本步骤，明确文本解读的角色换位、文本体式特点和解读标准要求。

教学目标是解决"为什么教"的问题。设定教学目标，是教师教学设计的第二大技能。文本解读的成果为语文教师设定教学目标奠定了基础，教师还需要研读课程标准，理解教材编写者的意图，分析学生实际和学习需求，才能制定出明确、具体、可操作、可检测的教学目标。

教学内容是解决"教什么"的问题。确定教学内容，是语文教师教学设计的第三大技能。确定教学内容，包括分析与处理教材内容，重构与创生教学内容，开发与利用课程资源等。教学内容的确定应与教学目标的设定相互配合的，应有利于教学目标的达成。

教学策略是解决"怎么教"的问题。制定教学策略是教师教学设计的最核心环节，它是教师教学设计的第四大技能，也是最重要的技能。因为教师在制定教学策略时，必须对教学的全过程及其各要素诸如教学方法、教学思路和结构、教学媒体、教学组织形式等加以综合考虑，形成最优的实施方案。一方面涉及的内容最多，另一方面，需要对诸多要素加以整合，要求又最高。所以，这项技能最重要。

教学测评是解决"教得怎样"的问题。教学设计测评是教师教学设计不可忽视的环节，它能保证教学设计的有效性。对教学设计成果进行测评，是教师教学设计的第五大技能。教学设计测评技能，包括制定教学设计测评标准的技能，选择教学设计测评形式和方法的技能。

综合技能训练，不是简单地对以上教学设计要素及单项技能进行叠加，而是需要从教学设计的内涵、性质及意义着眼，领会教学设计的三种基本模式，研究教学要素之间的有机配合，掌握教学内容的取舍与鉴选和教学过程的展开与推进等技能。此外还要懂得如何撰写教学设计稿，尤其需要具备抓基点和关键问题的技能。

【案例评析】

案例一：《父母的心》（苏教版初中《语文》八年级上）综合教学设计

一、文本解读

本课主要讲述了一个"送子—换子—要子"的故事，从点滴的细节描绘中，体现了父母对子女的深情厚爱，抒发了金钱买不断亲情的亲子之爱。

本课的结构别具匠心，十分巧妙，简简单单的一个故事，作者却把它写得一波三折、跌宕起伏，让人回味无穷，这种独特的写法对学生的写作学习具有一定的指导、借鉴作用。

二、教材研读

本单元是以感情教育为主题的，在认真学习了以前的 4 篇文章后，学生的感情激发与感情体验已有了一定的积累，从《背影》中的父爱到《甜甜的泥土》中的母爱，再到《人琴俱亡》中的手足之情。教材从各个角度对学生的情感体验进行了激发，而本篇课文作为本单元的结束篇，既是对单元主题的延伸，同时，也担负着进一步熏陶学生思想、道德、情感的任务。

三、学情分析

从内容上来看，这篇文章通俗易懂，没有太多的生字词障碍。因此，可以简化这方面的教学。另外，文章所要表达的思想感情也显而易见，所以不需要对文章作太多分析，而应把重点放在内化上。

初二的学生已具有一定的写作基础，但在谋篇布局上还缺乏一定的认识。而这篇文章在这方面又正好是一篇精工之作，所以在体会文章思想主旨的同时，也需要注重别具匠心的写作手法，并把它们清晰地展现在学生眼前，这将对他们今后的写作产生十分有利的影响。

四、教学内容

本单元的主题是"至爱亲情"，通过本单元的学习，要让学生感受作品中的人物和事件，体会父母兄弟的至爱亲情，引起对自己家庭的回忆和共鸣，达到"爱我亲人"、"爱我生活"、"爱我社会"的目的。显然，这一单元的教学重点是情感教育。本课的教学内容确定为：结合学生个人情感体验，充分体会血浓于水的至爱亲情；体会浓浓的爱心、淡淡的哀怨；学习一波三折、跌宕起伏的写法。

五、教学目标

教学目标设定为知识能力目标和情感价值目标两个维度。具体表述为：

（一）知识目标

（1）体会文章表现出的浓浓的爱心、淡淡的哀怨。

（2）学习一波三折、跌宕起伏的写作手法。

（二）能力目标

培养学生分析人物心理、理解文章主旨的能力。

（三）情感价值目标

（1）加深对亲人之间的至爱亲情的认识。

（2）结合个人情感体验，对至爱亲情有所感悟。

六、教学策略

（一）教学媒体

运用多媒体手段，创设一定的情境，让学生充分体会文中人物所处的困境，从而促进对文章主旨的认识、理解。

（二）教学方法

情境教学法、问题教学法、探究教学法。

（三）教学课时：1课时

七、教学过程

（一）导入

大家知道，我们每一个人的成长都离不开父母的关爱、家庭的呵护，俗话说得好："金窝银窝，不如自己的狗窝。"家庭是生命的起点，人生的慰藉。在这个单元的学习中，我们将会一次又一次地被浓浓的亲情所包围：一个背影，融注了深深的父爱；甜甜的泥土，蕴涵着母爱的温暖；人琴俱亡，展现了兄弟的手足之情。

（二）创设情境

说到这儿，我倒想起了一个故事：一天，一户穷人登上了远行的轮船，衣裳褴褛的父母带着四个孩子在人群中穿行。因为孩子太多，夫妻两人已无法支撑这个家庭，于是决定到外面找活儿干。这时，一位贵妇注意到了他们，打听到穷人的情况后，心中暗喜，原来这位贵妇很有钱，但只可惜年过四十了还没有孩子。于是决定向穷人一家要一个孩子，并承诺这个孩子将会过上好生活。穷父亲听了，有些犹豫不决。大家设想一下，如果这时候你是这位穷父亲，这个孩子你给还是不给？

（三）组织讨论

（1）给还是不给？

给——让孩子过上好日子，一家人也能维持生活。

不给——金钱不能代替亲情。

（2）给哪个孩子？

小结过渡

刚才大家都对"是否送子"和"送谁"这两个问题进行了讨论，但是无论怎样选择都是一个难题。在生活的困境与血浓于水的亲情之间，我们每一个人都难以权衡利弊，作出决定。不过我们的课本倒是给我们提供了一个故事的结局。现在就请大家翻开课本 109 页，看看在《父母的心》这篇文章中，穷人一家是怎样选择的？

（四）探究课文

在充分调动学生的情感体验的基础上，引导学生体味文本，分析文章。

1. 感知文本

2. 探究文本

（1）穷人一家一开始是否送一个孩子给贵妇人？（是）

（2）是不是送完孩子后，穷人一家和贵妇人就各得其所地继续各自的生活？为什么？

（3）在一送一要之间，作者表达了怎样的思想感情？

3. 细读文本

文中穷人一家虽然同意送子，但却决定得相当艰难，通过一次又一次换子，我们感受到夫妻两人对孩子浓浓的爱，请找出在送子和换子的过程中，表现出夫妻两人心情的短语。

板书设计：

送子—换子—要子

4. 拓展文本

从文章的结局来看，这似乎是一个皆大欢喜的结局，但是回味其中的过程，我们却感到有些心酸，有些苦涩。我们感受到了浓浓的爱心，却也觉得心中有股淡淡的哀怨，而这种淡淡的哀怨，正是作者的风格。

作者川端康成（1899—1972 年），是日本现当代小说家，也是日本新感觉派的代表作家。代表作有《伊豆的舞女》、《雪国》，1968年获诺贝尔文学奖。日本评论家认为他的作品是淡紫色的。紫，淡淡的紫，透逸着隐隐的幽谧和淡淡的哀怨，这是其作品的共同风格。

大家如果想对川端康成有更为深入地认识，不妨课后去看看他的其他的作品。

5. 读写迁移

其实无论是父亲的背影，还是母亲送来的一颗奶糖，点滴之间，体现出的是那份至爱亲情。相信通过本单元的学习，每个人的心中不乏感动。那么，我们不妨也把自己的感动写下来，内容可以是学习文章之后的读后感，也可以是发生在自己身边的事件。看看谁写得最好，谁的文章最能感动我们大家。

要求：字数300~400，感情真挚，语言优美。

板书设计

（送走长子）　　　　　　　　　　（女儿换次子）

犹豫不决　难割难舍　无精打采　失魂落魄

（领养孩子）（次子换长子）（要回女儿）

评析：

案例具备了教学设计的基本要素，要素之间能够有机配合：教学目标的设定是基于文本分析、教材研读，教学内容根据教学目标进行取舍，教学过程围绕"至爱亲情"这个重点内容展开与推进。运用多媒体教学手段创设情境，调动学生的情感因素，让学生充分体会人物情感；将提问教学法与探究教学法形成一个组合，让学生充分体会父母对孩子的难割难舍的至爱亲情。整个教学过程脉络清晰，主要环节是：感知文本—探究文本—拓展文本—读写迁移，逐层推进，由知识向能力拓展，由课内向课外迁移，形成一个开放式的教学思路和结构。板书简洁，主线突出。不足是由整体感知到自主探究，层次不多，探究的深度不够。因为缺少对教学设计的诊断和改进，存在的问题未能得到解决。

案例二：《泪珠与珍珠》（人教版高中《语文》必修三）教学设计

《泪珠与珍珠》选自中国现当代散文单元，这是一篇情感细腻、意蕴丰富的散文，"少女时的天真，浓浓的亲情，生活的哲理，悲悯同情之心，台湾作家共同的文化乡愁，都能从字里行间品味出来"。本文大量引用诗文，文字隽永纯熟而别具艺术魅力。设计者根据高二学生有一定的鉴赏基础，但深度解读能力不足的现状，将这篇课文当作"定篇"，以"见识经典一番"作为教学目标，把解读文本的文化内涵作为教学内容，即认识散文中的"自我"，把握琦君散文的风格，认识琦君的人生和情怀，并进而把握以琦君为代表的海外作家的文化乡愁。

确定了教学目标和内容，接下来，老师设计了三个环节引导学生解读文本的文化内涵，其教学方法如下：

（一）抓关键，品读涵泳把握其丰富内蕴

文本细读是准确把握、深度解读文本的前提，也是课堂教学的落脚点。老师引导学生三次对文章主旨句"眼因多流泪水而愈益清明"进行朗读涵泳。

（二）重体验，以学生的阅读期待将教学引向深入

设计者以学生的阅读期待为教学的起点来构建教学内容和教学环节，"细读"部分紧扣学生的需要来解决问题：文中为什么说白居易的诗比不上杜甫的诗？文中的"我"真的读懂这些诗文了吗？这时的琦君在你心目中是怎样的女性？这种种

眼泪可不可以颠倒顺序来写？为什么？作者为什么以"泪珠与珍珠"为题，这样写有什么意义？作者为什么要写这些眼泪？你从这些眼泪中看到了一个怎样的琦君？

（三）巧拓展，实现从文字到文学到文化的审美追求

为了缩短学生已有的知识和经验状况与要达成的教学目标之间的差距，老师将琦君的《虞美人》、于右任的《望大陆》、余光中的《乡愁》，《南海慈航》中所写琦君与母亲的生活片段，罗素的《我为何而生》，以及列夫·托尔斯泰、甘地、艾青诗等相关资料引入教学，消除了学生与文本间的悬隔，使学生对文中"不同眼泪的意蕴"理解体会更加深刻。最后，老师以扩展领会的多个向度进行"专题研究"，要求学生阅读琦君的《南海慈航》、《三十年点滴念师恩》等作品，进一步认识琦君其文其人。

（四川师范大学附属高中　易晓）

评析：

设计者在《泪珠与珍珠》的教学设计中，根据文本特点和学情来确定教学目标、教学内容和教学方法，突出了"为学习者设计教学"的思想，体现了语文教学设计的原则和要求。

在教学设计中，教学目标、教学内容和教学方法是三个极其重要的因素。教学目标解决"为什么教"，教学内容解决"教什么"，教学方法解决"怎么教"的问题。选择合适的教学内容和教学方法是实现教学目标的有效途径。案例正是按教学内容有效实现来制定教学目标、选择教学方法的。设计者明白教学内容的确定必须依据文本特点（情感细腻，意蕴丰富的散文）和学情（高二学生有一定的鉴赏基础，但深度解读

能力不足），因而把解读文本的文化内涵作为教学内容并以"见识经典一番"作为教学目标是妥当的。教学方法的使用与教学内容自然契合，就会很好地达到教学目标。

案例三：《"精彩极了"和"糟糕透了"》（人教版小学《语文》六年级上）教学内容设计

一、文本内容解读

（1）这是一个关于人生启悟的故事：父母对孩子的爱以及爱的不同表达方式；孩子如何正确看待与认识父母的爱；孩子的成长需要来自父母的两种力量，且寻求平衡，相互作用，共同完成对孩子的人格塑造；追求全面、和谐、民主的教育，既不能只是一味地"赏识"，也不能简单粗暴地一味"批评"，表扬与批评都要留有余地。

（2）语言形式方面：对人物语言、动作、神态描写准确传神，心理刻画真实而细腻，人物个性鲜明，跃然纸上。文章语言灵动多变，表达方式多样，既有具体细致的描写，又有概括的叙述，还有富于哲理的抒情与议论。立意谋篇构思巧妙，选材以小见大，引申拓展自然而不露雕琢的痕迹等。

二、教学内容取舍

以上这些文本的丰富的解读不能都作为教学目标与内容纳入到教学设计中，应该有所选择，有所舍弃。本文人文性的核心价值凸显的是"爱"，表达的是作者对父母不同方式的爱的理性思辨和情感升华。因此，尽管教师有很多深刻、丰富、独特的感悟，但都不能偏离这一主题。需要强调的是，不能把从文章的片言只语中所得的感悟（它可能是独到的、新颖的、有创见的、陌生化的）确立为课文的教学目标，而应该从整体把握文本传达出的主旨与价值意义，同时要考虑主流、普遍的价值准则。

三、教学目标设定

本文的人文性目标可以这样界定：正确理解父母对孩子的"爱"的不同表达方式及其这两种"爱"在人生的成长过程中的巨大作用，体味并珍惜父母对自己的"爱"。至于语文知识与语文能力选择的标准不外乎这样几个维度：文本的体式特点与突出的描写方法，学生实际的语文能力和学习需求，课程标准及年段目标等，从教学的角度思考来确定教学重难点与训练点。就本文来说，其语文能力训练点很多，但突出的一点，那就是"能够抓住人物语言、动作、神态和心理活动来体会人物的思想感情，引导学生把握文章的叙述顺序及结构特点"。这既有语文知识的教学，更有语文能力的培养。

四、文本内容的转化

如何把文本解读有效地转化为适宜的教学内容，进行有效的教学设计呢？关键是寻找到文本解读与教学内容的接口，进而把文本解读生成为适切的教学内容，这是确保教学设计成功的前提，选择与转化需要教师的眼光与素养以及对学科的理解与把握。

（游泽生．探寻文本解读与教学设计的"接口"［J］．文教学通讯（小学刊），2010（3）：9）

评析：

文本解读虽然是教学设计的基础，但文本解读不会自动生成阅读教学的内容。教师在解读文本中的创见、深刻丰富的体验没必要也不可能全部转化为教学内容。哪些解读是应该纳入到教学设计之中，并对其进行梳理、重构、整合，再通过恰当的方式加以呈现，这就需要取舍与鉴别、比较与选择，需要教师对文本解读作教材化、教学化处理。取舍与鉴选实际上就是对课文教学内容的把握与教学目标的设定，这是确保教学设计的针对性与有效性的前提条件之一。取舍与鉴选的标准是学生的现实起点与实际需求，也体现了文本的特点与语文核心教学价值。具体说来就是要充分考虑学生已有的知识背景和认知水平，分析学生的阅读初始体验以及文本的核心教学价值，寻找到文本解读与教学设计的可能途径与接口。

总评：

教学设计必须具备基本要素，但仅仅罗列这些要素是不够的，要研究要素之间的有机配合，尤其是教学目标与教学内容、教学方法之间的配合。一方面，这三个要素极其重要；另一方面，选择合适的教学内容和教学方法是实现教学目标的有效途径。文本解读对于教学目标的设定是基础性的工作，但文本解读不会自动生成教学的内容，还需要教师对文本解读作教材化、教学化处理。取舍与鉴选的标准是学生的现实起点与实际需求也体现了文本的特点与语文核心教学价值。

思考题：

1. 教学设计有三类基本模式：以"教"为主的设计模式，以"学"为主的设计模式，以教为主导、学为主体的"双主"设计模式。案例一属于哪种教学设计模式？为什么？

2. 什么是教学设计？教学设计有什么意义？备课与教学设计有什么区别？

3. 教学设计有哪些基本要素？这些要素之间的关系如何？如何使之有机配合？

4. 教学设计中常见的问题有哪些？如何避免这些问题？

【技能训练】

一、教学设计综合技能训练目标与任务

（1）明确教学设计的内涵及意义，了解教学设计的三类基本模式。

（2）研究教学要素之间的有机配合，掌握教学过程展开与推进的方法。

（3）分析教学设计存在的问题，明确教学设计稿的撰写，重视教学设计成果的测评。

二、教学设计综合技能训练要求

（一）理解教学设计的内涵及意义

1. 教学设计的内涵

教学设计，是运用系统方法分析教学问题和确定教学目标，建立解决教学问题的策略方案，试行解决方案、评价试行结果和对方案进行修改的过程。它以优化教学效果为目的，以学习理论、教学理论和教育传播学理论为基础。教学设计具有以下基本内涵：

（1）教学设计有着自己的理论和方法基础。它以现代学习理论、教学理论、教育传播学、教学媒体论以及系统科学等相关学科的理论和方法为指导，这也是教学设计由经验层次上

升到理性、科学层次的一个基本前提。

（2）教学设计关注学生的需要和特点。其全部意义就在于以学生的需要和特点为依据和出发点，既关心教，更关注学，把一定数量的相互联系的组成部分（教师、学生、教学内容、教学方法、教学媒体、教学环境等）有机结合起来成为具有某种教学功能的、优化的综合体，以满足教学活动的实际需要，达到帮助个体学习，促进其发展的目的。

（3）教学设计是一个系统计划的过程。这一过程可以看作是寻找、搜索、构造备选教学方案的过程，同时也是一个检验、评价、挑选满意的教学方案的过程。它有一定的操作程序，但并没有完全固定不变的模式和方法，也不是从若干给定的方案中选取一两个满意方案的问题，而是一个逐步搜索、从无到有、不断生成，创造性地去求解教学问题的过程。

2. 教学设计的意义

（1）教学设计有利于学生主体地位的落实。

教学设计着眼于学生的发展，与传统备课最本质的不同就是，设计是为学生的学而设计，备课是为教师的教而准备。

（2）教学设计使教学更具科学性。

教学设计是凭借系统科学分析教学问题，设计、评价解决方法，构建教学系统的科学。因此，运用科学的教学设计理论指导教学，将有利于教学工作的科学化，从而改变传统教学单纯凭借经验进行教学设计的做法。

（3）教学设计使教学效果更趋最优化。

最优化是我们教学工作追求的理想，教学效果不可能达到最优化，但我们可以运用系统科学的方法进行教学设计却可以无限接近最优化效果，使教学质量最大限度地提高。

（4）教学设计有利于教师素质的提高。

运用科学的教学设计理论设计教学，有助于提高教师的教学业务素质，培养教师运用科学方法和科学态度解决问题的能力。教学设计侧重于理念指导下的教学实践，有利于将理论与实践紧密结合，将教学理念转化为教学行为。在教育理念向教学行为转化的过程中，教学设计是一个媒介。（"专家型"的教师都是理论的自觉实践者）

（二）了解三类教学设计模式及其特点

1. 以教为主的教学设计过程模式

其主要理论依据是奥苏贝尔的"学与教"的理论（"有意义接受学习"理论、"先行组织者"教学策略与动机理论）。其设计思想是以教师为中心。其设计原则是：强调以教师为主。其研究主要内容是：帮助教师把课备好、教好。

特点：①有利于教师主导地位的发挥；②有利于教师对整个教学过程的监控；③有利于系统科学知识的传授；④有利于教师教学目标的完成；⑤有利于学生基础知识的掌握。

缺点：重教轻学，忽视学生的自主学习、自主探究，容易造成学生对教师、对教材、对权威的迷信，使学生缺乏发散思维、批判思维的创建。

2. 以学为主的教学设计模式

这种设计模式的理论基础是建构主义。其设计原则是：强调以学生为主；其设计思想倾向于以学生为中心，特别强调学习者的自主建构、自主探究、自主发现，容易培养学习者的创新精神和能力。

缺点：它往往忽略教学目标的分析和实现，忽视教师的主导地位。

3. "主导—主体"教学设计模式

双主教学设计模式是介于以教为主和以学为主之间，吸收其长处，避免其短处。其总体思想是教师通过教学意图和策略影响学生，把学生置于主体地位并提供主体地位广阔的思维空间，使学生成为学习的行动者。

优点：既充分体现教师的主导地位，又充分发挥学生的创新能力，不仅对学生的知识技能和创新能力的培养有利，也对学生的健康情感和价值观的培养十分有益。

缺点：对教学环境要求较高，它需要教师周密策划，否则可能顾此失彼。

（三）研究教学设计要素的有机配合

1. 教学内容的取舍与鉴选

文本解读不会自动生成阅读教学的内容，且教师在解读文本中的创见、深刻丰富的体验没必要也不可能全部转化为教学内容。哪些解读应该纳入到教学设计之中，并对其进行梳理、重构、整合，再通过恰当的方式加以呈现，这就需要取舍与鉴别、比较与选择，需要教师对文本解读作教材化、教学化处理。

取舍与鉴选，就是对教学内容的把握与教学目标的设定，这是确保教学的针对性与有效性的前提条件之一。取舍与鉴选的标准是学生的现实起点与实际需求，也体现了文本的特点与语文核心教学价值。具体说来就是要充分考虑学生已有的知识背景和认知水平，分析学生的阅读初始体验以及文本的核心教学价值，寻找到文本解读与教学设计的可能途径与接口。

2. 教学过程的展开与推进

教学展开是指根据教学目标的指向来展开教学内容，设计教学环节，选择教学策略与方法，层层推进，有效地达成教学目标。文本解读是否准确、全面、深刻，很大程度上决定了教师的教学设计是否有创意。优秀的教师往往能从别人不经意的地方发现新的亮点，并赋予其独特的教学价值，因而能设计出与众不同的教学方案来。在教学展开环节，在处理文本解读与教学价值的关系时，要关注以下几点：

（1）在微观细读与宏观把握文本的基础上，从教学内容整体的角度来考虑教学思路，设计教学问题，为教学找到一个支点。

这就需要教师把解读文本浓缩后的精华，从教学的角度进行重构与整合，找准切口，还原为恰当的问题情境，从而引发学生积极参与、思考与讨论。这样的问题往往是统领全文的，思维跨度比较大，有助于学生整体感知课文内容并能引向对部分内容的深入探究，形成教学板块，它是文章的关键所在，有"牵一发而动全身"之功效。这需要大视野、大境界、大手笔，更需要一种教学的灵感与直觉。

（2）关注教学过程与方法设计，优化教学结构。

这指的是教师根据教学目标与重难点，依据学生的学习能力与学习需要，精心设计教学流程，选择恰当的教学方法，对教学环节进行重组、合并、增删、移位，使各环节的安排合理、优化，有助于教学目标的达成，促进学生语文能力的发展。如何把文本解读转化为有效的教学设计，更多的是要考虑文本的体式特点、思想情感表达方式以及结构、语言等方面，寻找教学设计的主线。基于对文本整体把握与详尽解读，或从文章的主题与情感内容入手，或从结构线索切入，或从文章的标题介入，或从激发联想、拓展思维入手等。当然，设计最好能"一线串珠"，提纲挈领地带动整篇文章的学习。在教学方法的选择上，应根据课文内容、语言特点而不拘一格，从有利于学生学习的角度出发，或朗读感悟，或默读静思，或对话交流，或自学质疑等。教学环节设计，尤其要注意整合，而整合的前提是教师对文本的深入解读、准确把握，且一定要有整体观念和系统意识。

（3）抓住文本的重点词句，把自己的理解感悟转化为教学设计。

教师在对文本进行深度解读后，如何有效地把自己的体验与领悟转化为精当的教学设计呢？应从整体上思考本文的教学思路，凸显情感主线，以重点段落中的关键词语为小切口，从而引领学生对整个段落内容作深刻的理解和情感的体验。

（四）重视教学设计稿的撰写

1. 教学设计稿撰写的基点

撰写教学案例的基点是真实性。案例应取材于教学工作的实际，必须是师生共同经历的一段过程，虚构的故事（教学片段）不能作为案例。因为案例作为教学或研究的材料是具有原生性的，只有来自实践的真实，才使它具有了可贵的教学或研究的价值，才会使阅读者从中获得真切的感受和真正的启迪。如果是无中生有的编造或经历了面目全非的改造，那就会从根本上失去教学或研究的意义。案例行文中的描述可以带有一点文学性，但是过多的文学韵味会冲淡主题，有喧宾夺主之感，"真实性"是教学案例的生命。

2. 教学设计稿撰写的关键

要在语文教学天地舞出自己的个性，写出自己的话语，表达属于自己的观点，在写语文教学案例时应该把握几个关键。

关键之一：撰写教学案例最忌讳的就是无病呻吟，为赋新词强说愁，毫无典型可言的教学事件或教学片段，既感动不了自己，又打动不了他人，连最起码的催人思考的冲击力都没有，这样的案例是没有什么价值的。所以，写好教学案例的关键是要选择复杂的情境或含有教学两难问题。复杂的情境提供了更多的选择、思考和想象的余地，可以给人以更多的启迪。语文课堂教学中有许多典型事例和两难问题，案例可以从不同的角度反映教师处理这些问题时的行为、态度和思想感情，提出问题或表达解决问题的思路和例证。

因此，在动笔之前最好向自己提出下列问题：

（1）它对我产生过情感上的冲击吗？

（2）是否呈现了我难以解决的困境？

（3）使我难以作出抉择吗？

（4）是否对自己的问题解决方式感到不满意？

（5）是否具有教学理念或教学方法上的启示？

撰写教学案例时选择的最低标准是自己对事件具有一种浓厚的兴趣，具有一种想将它写出来的强烈的冲动。

关键之二：描述情景细节时要揭示师生的内心世界。教学事件中人的行为是故事的表面现象，情感心理则是故事发展的内在依据，也是诠释评析的深度所在。案例要能真实地反映教师与学生在教学过程中的想法和感受，需考虑：

（1）事件是如何发生的？

（2）我的最初的感受如何？学生当时的反应怎样？

（3）我的反应对事件的进展发生了何种影响？如何发生影响？

（4）事件涉及哪些因素？

关键之三是独特。案例的质量是由作者思考水平的高低所决定的，需要作者具有独特的发现、独到的领悟、触摸本质的思考。要能从纷繁复杂的教学现象中发现问题、提出问题、解决问题，道出人所欲言而不能言的东西。因为，大家都知道目前的教学论文人云亦云，应景而作、应利而写现象太严重，许多教学论文可资借鉴、可供研讨的价值不大，而且常见的教学案例往往都是取得成功的案例，有失误而值得商榷的却比较鲜见。说实在的，事物往往具有两面性，在教学案例中不仅要记录成功的教学事件也需要研究有失误的典型教学事件，作为反面，可以使我们的教学研究更能深刻认识存在的问题并提出针对性的可行对策。这样才能真正达到撰写教学案例的目的，可供研究，引起反思，促进发展。

3. 教学设计成果的测评

教学设计方案，即教学设计稿，也即教学设计成果。当这个成果形成后，不能立即进行教学实施，而应该对其进行测评。

测评的内容包括：它否能带来预期的教学效果？设计的过程对学习需要、学习内容、学习对象等的分析是否准确？学习目标的确定是否明确、具体？教学策略的设计是否合理？教学媒体的选择和设计是否有效？

测评主要采用形成性评价，即在设计成果推广之前，先在一定范围内进行试用，以了解教学系统的试用效果，获知其可行性、可用性、有效性等。学习目标的达到程度是评价的主要方面。如有不足之处，则需对前期的设计方案进行修改，然后再试用、再修改。就教学设计来说，形成性评价是对教学系统开发中的每一步进行评定，提供教学计划实施的数据、资料等反馈信息。

测评的具体方法主要有：教学程序分析法、4W2H 教学设计诊断改进法和教学操作流程分析法。这些方法可有效地诊断并改进教学设计方案。

三、教学设计综合技能训练方式与材料

（一）教学设计综合技能单项训练

解读下面的课文，并为其设定教学目标、确定教学内容、制定教学策略：

（1）《错误》（人教版高中《语文》必修一）；

（2）《世说新语·咏雪》（人教版初中《语文》七年级必修）；

（3）《老人与海》（人教版高中《语文》必修三）；

（4）《诗经·采薇》（人教版高中《语文》必修二）。

（二）教学设计综合技能专项训练

下面是《乡愁》（人教版初中《语文》九年级下）教学设计，请按照教学设计训练要求进行评析：

1. 教学目的

扩大阅读视野，加深阅读印象，培养分析、归纳、综合能力。

2. 教学重点

归纳、评析能力的培养。

3. 教学角度

美文助读课。

4. 主要教学过程

朗读—助读—评析。

5. 训练实施过程：

（1）导入。

简介作者余光中、席慕蓉的经历、文化底蕴的相同与

不同。

（2）朗读。①朗读指导。②学生自读。③听两首诗的配乐朗诵。④放音乐，学生随音乐朗读。

（3）比较。

①从情感、结构、语言、意象、意境、意蕴、写法等方面比较两首诗的异同点。学生讨论交流并发表意见。

②下发资料《两首〈乡愁〉各有千秋》，让学生看看自己的比较到位没有。

两首《乡愁》各有千秋（节选）

首先从诗的意象来看，余光中的《乡愁》选择了四个典型的意象来载情——"邮票"、"船票"、"坟墓"和"海峡"。不同的意象与感情对象一一呼应，思儿的母亲、思夫的新娘、已故的母亲、祖国的大陆，诗人正借此传达出渐次凝重的感情，并逐步揭示出呼唤华夏统一的深远意境。席慕蓉《乡愁》的意象是"一支清远的笛"、"一棵没有年轮的树"。诗人借哀怨悠长的笛声抒发了对故乡绵绵不断的情思，借"一棵没有年轮的树"喻自己永不老去的思乡情结，离别时间愈长，思乡的感情之树愈茂。两首诗都用了多个意象来寄托自己思乡的感情，把分离后的怅然迷惘和无尽的思念抒发得淋漓尽致。

其次两首诗在形式上各有千秋。余光中的诗（以下称"余诗"）在形式上很整齐，具有建筑的美。全诗四节，各节结构都相同，字数也相同，这样从整体上看就显得句子齐整，结构紧凑和谐。开头一节"小时候，乡愁是一枚小小的邮票，我在这头，母亲在那头"，在形式上定下了模式。以下三节的句式都与此相同，这样就形成了回环复沓的形式，在音节、节奏方面也有一个固定的模式，读起来确有音调和谐之美。席慕蓉的《乡愁》（以下称"席诗"）在形式上虽然没有余诗那般整齐匀称，但也另有一番情趣。开头一节仅两句，字数相同，形式整齐，内容连贯。第二节的第一句较长，第二节中间一句较长，整首诗显得参差不齐、错落有致，避免了呆板划一的句式。

再次语言风格上也各具特色。余诗语言朴素，生活气息浓厚，完全口语化，诗中多用叠字，读起来感到自然亲切，给人一种清新自然的愉悦感。全诗就像一位饱经风霜的老人在侃侃叙说着思乡的故事，从小到老，时间愈久思乡愈切。席诗在语言上较为讲究，"清远的笛"、"模糊的怅惘"用词典雅而富有诗意。就是常见的用语，也被诗人诗化了，那"没有年轮的树"、"有月亮的夜晚"，都是从日常用语中提炼出的妙语，令人耳目一新，给人一种"似曾相识却不是"的感觉。（张祺）

③学生自读资料，找出自己的比较与资料中的比较有何异同。

④启发学生说出资料上没有的内容。

（4）下面是两首写"乡愁"的诗，要求任选角度进行比较评析。

其一，《月之故乡》彭邦桢（台湾）

天上一个月亮

水里一个月亮

天上的月亮在水里

水里的月亮在天上

低头看水里

抬头看天上

看月亮

思故乡

一个在水里

一个在天上

其二,《乡色酒》舒兰（台湾）

三十年前

你从柳树梢头望我

我还年少

你圆

人也圆

三十年后

我从椰树梢头望你

你是一杯乡色酒

你满

乡愁也满

（5）学生自由讨论并发表意见,有可能的话写成鉴赏性文章。

（三）教学设计综合技能综合训练

请按照新课程理念及教学设计技能训练要求,对下面的教学设计进行评析：

《紫藤萝瀑布》（人教版初中《语文》八年级下）教学设计：

一、创意说明

自主探究,就是独立自主提出问题、思考问题、解决问题。探究首先要能提出问题,提出问题也是一种能力,应鼓励学生主动地质疑问难,学生发现不了的问题,教师应引导学生去发现，或者事先给学生提供一些思考和提问的范围。

二、教学步骤

（一）教师导学

（1）背景提示。简略介绍本文的写作背景及当时作者的心境，有利于学生对作品的准确把握。

（2）全文总览。作者以细腻的笔触、欢欣的心情描写一树盛开的紫藤萝花，生机勃发、辉煌灿烂，抒发自己由焦虑和悲愤转化为宁静和喜悦的心情。作者又上溯到十多年来紫藤萝的变迁史，将主题提升到生命的长河虽有曲折但永远前进的哲理上来。这篇课文对我们的观察、感受、联想、思考都很有启发。从中也可以领悟对生命的思考，既可以来自自身，也可以来自其他生物。一切有生命的东西，仔细观察、思考，都可以从中悟到生命的真谛。

（二）提供选题范围

课文的内容、结构、主旨、语言、情感、描写……

作者的动作行为、心路历程、哲理思索……

你感触最深的句子、你不能理解的句子、最能引起你的联想的句子、最具美感的句子、最有哲理的句子……

你认为最美丽的画面、最动人的情感、最深刻的启示……

（三）学生分小组自主选题，合作探究

（四）全班交流

为了引导学生对课文的美点作细致、深入、全面的赏读，教师必须对课文有先行的体验、详尽的准备，同时还要吃透文本，全局在心，才可避免产生谬误或疏漏。以下方面的内容可供参考：

（1）课文的结构：看花（1～6）、忆花（7～9）、思花（10～11）。

（2）课文的内容：作者以细腻的笔触、欢欣的心情描写一树盛开的紫藤萝花，生机勃发、辉煌灿烂，抒发自己由焦虑和悲愤转化为宁静和喜悦的心情。

（3）课文的主旨：

生命的长河虽有曲折但永远前进。

热爱生命、珍惜幸福、珍爱人生。

生命的价值、希望的可贵。

（4）含蓄地表达感情：作者出身学者世家，本人又是作家，对感情的宣泄很注意分寸，不可能表现得慷慨激昂大悲大喜。即使对过去家庭所受的苦难折磨，她也只是淡淡地以紫藤萝花朵的"稀落"到"索性连那稀零的花串也没有了"作喻，表达自己的感受；对那时思想的荒谬，也以"那时的说法是，花和生活腐化有什么必然关系"讥讽一下，没有声色俱厉的批判。对于小弟的病症，更是不着一笔，用"一直压在我心上的焦虑和悲痛"带过自己悲伤欲绝的感情。但是作者这样含蓄地表现自己的感情，并不是感情不深沉不真挚。作者的出身、性格、教养使她能节制、含蓄，而这种感情上的节制，使她能理性地深刻地洞察到生命的本质。

（5）多种修辞手法的运用：作者发挥出色的想象力，在本文中大量运用比喻、拟人等修辞手法，细腻传神地描绘紫藤萝花。以"瀑"为喻，从总体形象上赞美花繁花茂；以"欢笑"、"挑逗"将花瀑拟人化，仿佛盛装的少女在欢歌笑语，突出花的情趣。写花穗时，更是全用拟人："花朵儿一串挨着一串，一朵接着一朵，彼此推着挤着，好不活泼热闹！"好像肩并肩手挽手的孩子们在嬉闹，加上作者想象的花儿的话语和笑容，化虚为实，更显得花儿们天真烂漫童稚可掬，突出它们的生意盎然。写花朵时，比喻和拟人交替使用，用"帆"、

"舱"绘花朵的外形；用"忍俊不禁"拟花朵的情态，生动而形象地传达出花朵美丽娇媚的特征。

另外，作者还运用通感的手法来表现自己的感受和情感。写花瀑在"我心上缓缓流过"、"流向人的心底"，表现出自己观花赏花时心情趋于宁静平和的细腻感受；用"浅紫色"来描绘花香，把味觉转化为视觉，让飘逸无形的花味儿变得有色有香，仿佛花香就弥漫在眼前，让人沉醉。

还有对比，作者用过去紫藤萝花的衰颓零落和现在花繁枝茂相比——紫藤萝的命运，从花儿稀落到毁掉，再到如今繁花似锦，正是十几年来整个国家命运的写照和象征，并从中感悟出"花和人都会遇到各种各样的不幸，但是生命的长河是无止境的"的道理。

（6）想象新颖，内涵丰富。作者发挥自己出色的想象力，把紫藤萝花的生命力形象化，如写"花舱"装满生命的"酒酿"，涨满了"帆"，在闪光的"河流"中"航行"。前面所提到的一些比喻、拟人的句子，也突出地体现了作者丰富而独特的想象。这些描绘不仅想象新颖，而且包含了丰富的内涵。写花瀑"不见其发端"、"不见其终极"、"不停地生长"，既表现了花繁花盛，也隐涵着生命的长河无休无止的意蕴；写花朵儿"彼此推着挤着，好不活泼热闹"，既突出花的勃勃生机，也表现了面对生命的喜悦之情。这样的例子不一而足。

（7）关于"生死谜、手足情"。在写作此文时（1982年5月），作者的小弟身患绝症，作者非常悲痛，心中一直难以接受这个现实，徘徊于庭院中，见一树盛开的紫藤萝花，花儿的热烈与欢欣让她暂时忘却了那些痛苦，而感受到了一种"精神的宁静和生的喜悦"。1982年10月小弟病逝。

（8）怎样理解"那时的说法是，花和生活腐化有什么必然关系"？

现在听起来的确不可思议，但是在极"左"思潮泛滥的年代里，事实就是这样。人们狭隘地理解劳动人民的感情，认为赏花不应该是劳动者的本分，赏花是低级情调，甚至认为赏花就会腐化堕落。

（9）文章开头说"我不由得停住了脚步"，结尾说"我不觉加快了脚步"，各有什么含义？其作用是什么？

"停住了脚步"是被紫藤萝的繁茂旺盛所吸引，"加快了脚步"是被紫藤萝的生命活力所感染、所催促。前者的作用是设置悬念，后者的作用是照应开头，使文章结构完整，并深化了主题。

（五）教师总结（略）

（湖北省荆州市实验中学　熊芳芳）